VARIÉTÉS PÉDAGOGIQUES

SOUVENIRS

D'ENSEIGNEMENT PRIMAIRE

(1878-1889)

I. — Exposition universelle de 1878. — Visites à l'Exposition scolaire. — Conférences pédagogiques faites à la Sorbonne aux Instituteurs délégués.

II. — Congrès pédagogique tenu à Paris en 1881. — Rapport du délégué départemental.

III. — Jardin ou relief géographique, créé en 1882, à l'Ecole de Céaucé (Orne). — Musées scolaires.

IV. — Conférences pédagogiques cantonales. — Mémoires présentés en 1886, 1887 et 1888,

PAR

EDMOND LEPETIT

Directeur de l'Ecole communale de Céaucé,
Chevalier du Mérite agricole.

DOMFRONT
Typographie de Félix RENAULT, Grande-Rue.

1890

Offert par l'auteur
à la Bibliothèque
Nationale
25 juillet 1891

E. Lepetit

VARIÉTÉS PÉDAGOGIQUES

SOUVENIRS

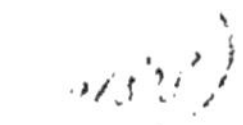

D'ENSEIGNEMENT PRIMAIRE

(1878-1889)

I. — Exposition universelle de 1878. — Visites à l'Exposition scolaire. — Conférences pédagogiques faites à la Sorbonne aux instituteurs délégués.

II. — Congrès pédagogique tenu à Paris en 1881. — Rapport du délégué départemental.

III. — Jardin ou relief géographique, créé en 1882, à l'école de Ceaucé (Orne). — Musées scolaires.

IV. — Conférences pédagogiques cantonales. — Mémoires présentés en 1886, 1887 et 1888.

PAR

EDMOND LEPETIT

Directeur de l'Ecole communale de Ceaucé,
Chevalier du Mérite agricole.

1890

Avant-Propos

Voici, on peut le dire, un livre vraiment original, et les bibliothèques n'en contiennent guère de semblables. C'est l'œuvre d'un directeur d'école de village. On s'imagine malaisément un instituteur s'appliquant aux travaux littéraires ou à des œuvres d'imagination pure. La besogne journalière l'écrase et l'asservit. Toujours à la peine et trop rarement à l'honneur, il lui faut, d'un bout de la journée à l'autre, diriger sa classe, surveiller son monde, préparer aux examens ses meilleurs sujets, s'occuper des cours d'adultes, lire, corriger, écrivasser, sans compter les actes de décès à enregistrer et les registres municipaux à mettre au net. Les loisirs sont rares dans ce métier-là ; ceux qu'on a se trouvent aussitôt accaparés et absorbés par les obligations de famille et les soirées du foyer domestique. Dans des journées si remplies, quelle place reste-t-il pour le travail personnel ? Comment, par quelle sorte de miracle peut-on, avec une tâche aussi accablante, trouver le temps de s'instruire, de se perfectionner, de fixer ses idées, d'en acquérir de nouvelles ? N'est-ce pas un véritable tour de force que de songer à écrire la matière d'un volume ? C'est pourtant ce qu'a su faire M. Lepetit, et il présente aujourd'hui à ses collègues le fruit de dix années de labeur intelligent et obstiné. Son ouvrage mérite de ne point passer inaperçu. Ce n'est pas, à proprement parler, un livre, une œuvre de longue haleine, mais un recueil de rapports officiels, de conférences pédagogiques et de leçons familières. Ces essais, — qui ont valu à leur auteur une Médaille de bronze à l'Exposition universelle de 1889, — judicieusement pensés et écrits d'une bonne plume, plairont aux lecteurs, comme ils ont plu déjà au public varié qui en a eu la primeur. L'auteur les publie moins par vaine satisfaction d'amour-propre que pour obéir aux pressantes sollicitations de ses chefs et de ses amis. Il n'a cherché, dans ces études si diverses, ni la nouveauté, souvent périlleuse, des aperçus, ni l'imprévu de la forme ; il s'est contenté d'être précis et simple, et de mettre en bonne lumière les points qui méritaient plus particulièrement l'attention. La clarté et la méthode, qui sont pour l'écrivain affaire de probité, se trouvent être souvent, sans qu'il s'en doute, la première des habiletés.

J'ai lu d'un bout à l'autre, avec intérêt et plaisir, ces consciencieuses études. J'ai accepté, par amitié pour l'auteur, de les présenter au public restreint auquel elles sont destinées. Que le lecteur se hâte de laisser là ma recommandation superflue, et de prendre en main l'œuvre elle-même. Je ne doute pas qu'il ne lui fasse bon accueil et qu'il n'en tire grand profit.

A. SALLES

Professeur agrégé au Lycée de Caen,
Lauréat de l'Académie française.

I.

VISITES

à l'Exposition universelle de 1878

RAPPORT

de l'Instituteur délégué par le canton de FLERS

(ORNE)

VISITES
à l'Exposition universelle de 1878

PRÉLIMINAIRES

A la vue de cette ville de marbre, de fonte, de vitres, de faïences, qu'on nomme le palais du Champ-de-Mars, et de cette autre merveille architecturale où le grandiose s'allie à l'élégance et qui couronne harmonieusement les hauteurs du Trocadéro, on éprouve un profond sentiment d'admiration.

Ces jardins enchantés, ces cascades dont les feux du soleil font étinceler les perles, cette foule bigarrée où toutes les nationalités se coudoient, cette exhibition unique des produits de toutes les contrées de l'univers, font de l'Exposition un spectacle vraiment féerique.

Honneur à ces hommes dont l'initiative puissante, le génie inspiré, ont su créer ces merveilles! Honneur aux nations qui ont bien voulu répondre à l'appel de la France et prêter leur concours à cette magnifique fête du travail et de l'industrie!

Ce tribut payé à la beauté du spectacle, qu'il nous soit permis d'offrir nos remercîments à M. le Ministre de l'Instruction publique et à M. l'Inspecteur d'Académie, dont la bienveillance nous a permis de jouir de toutes ces merveilles, sans négliger toutefois les enseignements qui se dégagent de l'Exposition scolaire.

VISITES
à l'Exposition scolaire

ÉTRANGER

Il faudrait des volumes pour énumérer seulement les nombreuses collections de mobilier scolaire, les livres d'éducation et d'enseignement, les travaux des maîtres et des élèves que chaque nation a tenu à honneur de faire figurer à l'Exposition universelle.

Nous n'avons donc pas la prétention de présenter un tableau complet de l'Exposition scolaire. *Nous essayerons seulement de mettre en lumière les innovations heureuses, les idées pratiques qui nous ont paru de nature à faire progresser l'enseignement.* Et pour répondre à un sentiment des convenances, commençons par l'Exposition scolaire des nations qui ont répondu à l'appel de la France.

ANGLETERRE

Nous commençerons nos visites par cette pittoresque avenue intérieure sur laquelle chaque nation a construit une façade, comme spécimen de son architecture, et qu'on appelle la rue des Nations. La plupart des expositions scolaires de l'étranger sont installées dans le voisinage de cette avenue.

L'Angleterre est le premier pays étranger que nous rencontrons ; mais, constatons-le tout d'abord, l'Exposition scolaire anglaise est loin de répondre à l'importance des autres parties de l'Exposition britannique. Cette lacune est d'autant plus fâcheuse que le gouvernement anglais a fait de sérieux efforts dans ces dernières années pour multiplier les écoles et vulgariser l'enseignement.

La société des écoles dominicales a envoyé une collection de livres de lecture courante, dans le genre des dernières publications françaises.

Des *vignettes expressives* mettent en relief les anecdotes instructives, les récits de voyages, dont se composent la plupart de ces livres.

Signalons, en passant, une belle collection entomologique se rapportant à la sylviculture.

Les insectes qui rongent le bois, pris au moment où ils accomplissent leur œuvre, des spécimens de l'effet produit ; l'animal lui-même sous ses diverses formes, enfin l'image amplifiée de l'insecte, présentent un tableau fort complet qui mérite de servir de modèle aux collections de ce genre.

Il y a là une idée pratique que les instituteurs pourront mettre à profit pour la création d'un petit musée scolaire. Les enfants voyant, par exemple, les ravages causés par la chenille, le hanneton, etc., seront plus convaincus de l'utilité des oiseaux, et ils respecteront leurs couvées.

Voici encore une chose pratique : les pancartes que les anglais appellent *diagrammes* et qui représentent en gros traits coloriés des scènes historiques, géographiques, etc., sont d'un grand secours pour les leçons du maître ; *les phénomènes de cosmographie, les phases de la lune, les éclipses*, etc., sont aussi figurés sur ces diagrammes et peuvent servir de texte à une utile démonstration.

La géographie est assez bien représentée à l'Exposition anglaise ; cependant la trop grande abondance des détails rend les cartes un peu confuses. Nous avons remarqué surtout la collection des cartes murales de la maison Stanford de Londres. Des appareils ingénieux permettent d'enrouler ou de dérouler plusieurs de ces cartes sur un même espace, ressource précieuse pour les écoles dont les murs présentent peu de surface.

Le mobilier scolaire figure seulement pour quelques bancs-tables. Chaque table ne comprend que deux places: les élèves sont isolés, ils sont moins distraits ; la discipline et l'hygiène sont évidemment favorisées par cette disposition généralement adoptée aujourd'hui en Angleterre et qui n'a que le défaut d'exiger une grande surface.

Pour terminer, signalons la remarquable Exposition du South-Kensington - Muséum de Londres, dont les beaux modèles de dessin industriel soutiennent la réputation méritée.

CANADA

Le Canada présente une remarquable Exposition scolaire. Les visiteurs parcourent avec intérêt cette collection de compositions diverses, de *devoirs d'élèves, écrits en notre langue par ceux dont les pères furent nos compatriotes.*

On est heureux de retrouver là les mœurs, les usages, la langue de la patrie française, et l'on ne peut que remercier ceux qui, par delà l'Atlantique, ont envoyé un souvenir à leur ancienne métropole.

Un modèle-miniature nous donne une idée du confortáble des installations scolaires au Canada. A l'entrée se trouve un vestiaire et deux lavabos parfaitement disposés. L'école est divisée en deux salles ; la plus grande, destinée à trente-cinq ou quarante élèves, est large et spacieuse ; chaque enfant est assis sur un siège séparé : l'air et la lumière circulent facilement. Dans l'autre salle, dont les bancs sont disposés en amphithéâtre, le maître donne des leçons orales aux mêmes élèves.

Malheureusement cette installation luxueuse n'est pas possible partout.

A l'imitation des Etats-Unis, les écoles canadiennes emploient trois procédés pour l'enseignement de l'écriture et la rédaction des devoirs : *l'ardoise, les feuilles détachées* ou *le cahier unique.*

Nous nous disions que ce système d'écriture sur l'ardoise, qui, du reste, représente une économie de temps et d'argent, devait à la longue nuire singulièrement à la régularité de la calligraphie. Mais il n'en est rien, selon l'obligeant M. Perrault, commissaire général de cette Exposition, et les spécimens d'écriture expédiée que nous avons vus sont, en effet, très remarquables.

En raison de l'origine de la population, l'enseignement parallèle de la langue française et de la langue anglaise est donné dans presque toutes les écoles.

C'est peut-être à cette cause que tient la faiblesse d'une notable partie des devoirs de français ; ce double enseignement doit, en effet, jeter une certaine confusion dans l'esprit de l'enfant.

Constatons enfin, en terminant ce résumé rapide, que la tenue des livres, la comptabilité commerciale sont ramenées à des règles générales qui en simplifient beaucoup le mécanisme.

ÉTATS-UNIS

L'Exposition scolaire des États-Unis est des plus remarquables. Dans un espace fort restreint, l'habile organisateur de l'Exposition a présenté un ensemble fort complet des choses scolaires. Tout d'abord ce qui frappe les yeux, c'est cette inscription dont les Américains ont le droit de s'énorgueillir : « L'instruction publique est gratuite dans tous les États de l'Union », signe caractéristique, et qui dénote la sollicitude des pouvoirs publics pour l'enseignement populaire.

Nous avons remarqué un intéressant envoi d'un jardin d'enfants de la ville de Saint-Louis. L'ingénieuse méthode Fræbel, si favorable au développement de l'habileté de main, de la délicatesse du toucher, de la culture du goût, est largement appliquée ; peut-être même tombe-t-on un peu dans l'exagération. *Pliages, tressages, découpage de papier ; statuettes de cire, représentation des outils, des objets usuels, des animaux, etc.,* tout cela fait plaisir à voir ; et souvent les caprices enfantins se traduisent par plus d'un enjolivement fantaisiste. Mais on ne peut s'empêcher de se demander si le bambin qui a acquis cette habileté de main, et dont l'imagination produit ces petits riens, n'aurait pas sa place marquée à l'école primaire proprement dite.

La direction de l'instruction publique a rendu obligatoire, dans l'enseignement primaire supérieur, l'étude des éléments des sciences physiques et naturelles. Nous voyons exposés des instruments de physique, *pompes diverses, machines électriques, appareils de télégraphie, thermomètres, baromètres, machines à vapeur en miniature, etc., etc., une réunion des principaux corps simples de la chimie et une remarquable collection d'histoire naturelle, squelettes, oiseaux, insectes, herbiers, etc.*

Le plus souvent, les instituteurs font eux-mêmes leurs collections et des dons particuliers viennent les compléter. Quant aux appareils, ils sont d'un prix très abordable.

Il y a là une mine féconde à exploiter. Les enfants

s'intéressent au plus haut point à ces leçons sur les éléments des sciences naturelles.

Pour être mises à la portée de tous, elles revêtent une grande simplicité et elles sont données surtout comme récompense. Aussi excitent-elles une grande émulation chez les élèves.

Il ne faut rien exagérer, sans doute, mais qui sait si ces simples notions déposées dans l'intelligence de l'enfant n'ont pas plus d'une fois déterminé une vocation scientifique ?

Reconnaissons que le pays du téléphone et du phonographe nous donne en ce point un bon exemple, que d'ailleurs nous avons commencé à imiter.

Italie

En continuant de suivre notre itinéraire, nous arrivons à l'Exposition scolaire de l'Italie.

Nous avons remarqué une belle collection de tableaux pour l'enseignement par les yeux et les leçons de choses. Les oiseaux, les quadrupèdes y sont figurés en couleurs voyantes. Au centre du tableau, une scène d'action les met en mouvement et appelle l'attention de l'élève sur les mœurs de ces animaux et sur les services qu'ils peuvent rendre à l'homme.

D'autres tableaux représentent les diverses professions italiennes. *Ici, la paille d'Italie se transforme en nattes élégantes sous les doigts habiles du tresseur ; là, le macaroni et le vermicelle revêtent les formes les plus appétissantes ; plus loin, on voit l'attirail du pêcheur napolitain à côté de l'élégante gondole vénitienne.*

Enfin des spécimens de plantes, de minéraux, de produits industriels, fixés sur des cartons, à la manière

des tableaux de M. Deyrolles, complètent cette intéressante collection.

Voici une innovation qui, peut-être, n'est possible
qu'en Italie, cette terre classique de la peinture et de
lá sculpture.

*Les élèves avancés modèlent eux-mêmes, sous la
direction du maître, les plâtres, les statuettes, les bustes
qu'ils doivent ensuite reproduire par le dessin.*

La collection de ces plâtres est vraiment remarquable. On suit avec intérêt les progrès que l'élève a dû
accomplir pour arriver de l'ébauche imparfaite à cette
exécution réussie qui dénote déjà une certaine habileté
de main et qui peut-être promet un artiste.

Terminons cette rapide revue par signaler les louables
efforts du gouvernement italien pour propager l'instruction populaire.

La loi du 15 Juillet 1877 a rendu l'instruction primaire gratuite et obligatoire en Italie, pour les enfants
de 6 à 9 ans. On regrette seulement que la période
de fréquentation ne soit pas plus longue. Quoi qu'il
en soit, cette loi libérale a déjà produit ses fruits et
elle ne peut que contribuer aux progrès de l'enseignement.

JAPON

Oui, le Japon lui-même a une Exposition scolaire !
Félicitons ce peuple intelligent qui fait actuellement
les plus louables efforts pour secouer sa torpeur séculaire et suivre l'Europe et l'Amérique dans la voie
du progrès.

Au Japon, l'instruction primaire n'est donnée que
depuis la révolution de 1871, qui abolit le régime
féodal et établit l'administration actuelle.

Documents statistiques.

D'après les documents statistiques exposés, les 24.000 écoles japonaises sont fréquentées par près de 2.000.000 d'élèves.

Des écoles normales d'instituteurs et d'institutrices, des salles d'asile, établies à l'européenne, fonctionnent au Japon et ont déjà produit d'heureux fruits. Et remarquons que ces résultats ont été obtenus en cinq ou six années, dans un pays où tout était à créer.

Sans doute, et en raison même de la création récente de l'enseignement, nous ne trouvons rien de bien remarquable à cette Exposition.

Musée pédagogique de Kotio.

Signalons cependant le musée pédagogique de Kotio, qui renferme des plans-modèles de maisons d'écoles, des programmes d'enseignement, des cartes, des livres classiques, des collections d'histoire naturelle, et un ensemble complet du mobilier scolaire.

Des vues photographiques du monument et de ses diverses salles donnent une idée fort avantageuse de l'ordre et de l'agencement de ce musée.

Les Japonais, qui nous ont emprunté nos procédés d'enseignement, nous ont donné ici un bon exemple. Ai-je besoin de rappeler que, grâce à l'initiative de M. Bardoux, notre éminent Ministre de l'Instruction publique, la France sera bientôt pourvue d'une institution analogue ?

Dessins. — Ils manquent de perspective.

Les collections d'images pour leçons de choses, animaux, plantes, métiers, outils, machines, sont remarquables par leur grâce naïve. C'est vraiment le travailleur pris sur le fait. Mais ces peintures, comme toutes celles des peuples orientaux, manquent de perspective, ce qui produit un singulier effet. Du reste, ces feuilles sont d'un prix très modique : elles coûtent un peu moins de cinq centimes.

ESPAGNE

L'Exposition scolaire de l'Espagne ne présente pas une bien grande importance.

Nous parlerons seulement de l'Exposition de calligraphie et de la méthode intuitive de dessin géométrique.

En général, l'écriture espagnole est assez élégante, bien que la régularité des caractères laisse un peu à désirer.

Les cahiers exposés comme spécimens sont propres et bien tenus. L'écriture anglaise est généralement adoptée et donne de bons résultats.

La ronde et la gothique sont assez bien exécutées. On remarque en outre une écriture de fantaisie, pour les en-têtes, les titres, qui peut-être perd de son élégance, à cause des enjolivements trop nombreux qui l'encadrent.

Voici une excellente méthode pour l'enseignement du dessin géométrique. *Des solides de toutes les formes sont projetés sur des plans horizontaux ou verticaux. Le solide dont on veut donner la projection est maintenu perpendiculairement au-dessus du plan horizontal et en face du plan vertical. Des fils perpendiculaires à ces plans partent des angles du solide et en dessinent les projections d'une manière pour ainsi dire tangible.*

L'enfant voit ainsi, à priori, que la projection de la sphère est un cercle, celle du cylindre un rectangle ou un cercle, celle du cône un triangle ou un cercle, etc. L'image se gravera profondément dans sa mémoire, et il est à espérer qu'il cultivera le dessin avec fruit, car les difficultés du début lui auront été aplanies.

Dans tout enseignement, en effet, tout ne se résume-t-il pas à ces deux termes : faire apprendre et faire comprendre ? Les premières notions données à l'enfant doivent être d'une précision telle qu'elles ne découragent aucune intelligence.

Constatons, en terminant, que l'instruction primaire, en Espagne, est obligatoire pour tous les enfants et qu'elle est gratuite pour ceux dont les parents ne peuvent payer la rétribution scolaire.

Obligation de l'enseignement. — Gratuité partielle.

AUTRICHE-HONGRIE

AUTRICHE

Nous remarquons tout d'abord une belle collection de plans de maisons d'école et des spécimens du mobilier scolaire.

Les écoles nouvellement construites et dont nous voyons les réductions sont confortablement installées. *Elles sont, en général, entourées d'un vaste jardin où l'on donne aux élèves les premières notions d'horticulture.*

Maisons d'école. Éclairage unilaté-

Les salles de classe sont éclairées d'un seul côté : toutes les fenêtres sont percées dans la façade principale. Cette disposition semble rationnelle. En effet, quand une salle est éclairée de plusieurs côtés, la vue est sollicitée à droite et à gauche et se fatigue beaucoup plus vite. Mais ce système a aussi ses inconvénients ; tandis que les enfants qui se trouvent dans le voisinage des fenêtres reçoivent une lumière trop vive, ceux qui sont placés à l'extrémité opposée sont presque dans une demi-obscurité.

Il y a de remarquables spécimens du mobilier scolaire à l'Exposition autrichienne.

Voici un banc-table qui mérite une mention spéciale. *Ce banc est à deux places ; le dossier s'élève*

2

Banc-table mo-
dèle. — Descrip-
tion.

*perpendiculairement au banc et empêche l'élève de se
renverser en arrière, tout en lui donnant un utile
appui. L'enfant ne peut pas non plus se courber en
avant, car, pour écrire, il doit tirer jusqu'à lui une
planchette qui, en glissant, découvre l'encrier, les plumes,
etc.* Malheureusement l'inventeur a fait de ce banc
un meuble de luxe. A quoi bon ce vernis et ces
enjolivements ? S'il était d'un prix plus modéré, les
écoles à grande surface pourraient l'adopter avec
avantage.

Gymnastique des
sens. — Program-
me — Exagéra-
tion de la méthode.

M. Constantin Delhez, de Vienne, dans une conférence faite au palais du Trocadéro, a exposé les
avantages de l'ingénieuse — trop ingénieuse peut-
être — méthode qu'il intitule la gymnastique des
sens.

Les objets destinés à l'application de cette méthode
figurent à l'Exposition autrichienne.

Une brochure explicative est gracieusement offerte
aux visiteurs.

D'après l'auteur, « le but principal du système
d'éducation de la gymnastique des sens, destiné surtout
à la famille, aux jardins d'enfants et aux classes
élémentaires de l'école primaire, est de développer et
de perfectionner par une méthode rationnelle et pro-
gressive, en partant de l'éducation des sens, toutes
les facultés intellectuelles de l'enfant et de le préparer ainsi à l'instruction proprement dite. »

Sans doute, ces exercices pour la vue, sur la
classification des couleurs, l'appréciation des grandeurs,
des formes, des angles, etc., présentent une certaine
utilité et peuvent figurer avec avantage sur le programme des salles d'asile.

Mais l'auteur ne va-t-il pas un peu loin, quand il
entreprend de cultiver le sens du goût ? Cette culture,

dont l'utilité est fort contestable, ne conduit-elle pas, d'autre part, à une sensualité dangereuse ?

HONGRIE

L'Exposition scolaire de la Hongrie est réunie dans une salle spéciale ; le pays magyare tient beaucoup à affirmer son autonomie.

L'instruction primaire est obligatoire en Hongrie comme en Autriche, mais cette prescription est plus ou moins illusoire. Dans un trop grand nombre de districts, en effet, la pénurie des maîtres ne permet pas d'appliquer la loi.

Méthode de dessin. — Grands modèles visibles de tous les points ds la classe.

Parmi les méthodes exposées, signalons une excellente collection de dessins à gros traits, figurant des outils, des objets usuels, dégagés des accessoires et réduits à de simples lignes, et dont le grand format permet qu'ils servent de modèles à toute une division d'élèves.

Journal pédagogique officiel.

Le Ministère de l'Instruction publique a fondé un journal pédagogique, qui est envoyé à tous les instituteurs. Les méthodes les plus rationnelles d'enseignement y sont exposées, des spécimens de devoirs y figurent comme modèles ; enfin les conseils donnés par les hommes les plus compétents font de cette publication un guide et un auxiliaire précieux pour l'instituteur.

Sans doute, nous avons en France le *Manuel général de l'Instruction publique*, la *Revue pédagogique*, le *Journal des Instituteurs*, etc., qui remplissent avec succès un rôle analogue.

Cependant, à notre humble avis, il nous semble qu'une publication officielle, rédigée dans cet esprit, sous les auspices des sommités de l'enseignement et envoyée à tous les fonctionnaires de l'instruction primaire, serait appelée à rendre de grands services à l'enseignement populaire.

RUSSIE

L'Exposition scolaire de la Russie n'est pas aussi complète qu'on pourrait le désirer.

Les préoccupations de la guerre n'ont pas permis au Ministère de l'Instruction publique de faire davantage. Nous dirons un mot seulement des choses les plus marquantes. Le musée pédagogique de St-Pétersbourg est un des plus intéressants du genre.

D'après les statuts d'organisation, il a pour but : « *1º de réunir tous les renseignements possibles sur la production du matériel d'enseignement, tant en Russie qu'à l'étranger, et de fournir des moyens d'information aux établissements scolaires qui désirent choisir le matériel qui leur convient le mieux ; 2º de soumettre les modèles qu'il rassemble à l'expérience et d'étudier l'application qu'on en peut tirer et les perfectionnements dont ils sont susceptibles ; 3º de concourir au développement de la production du matériel d'enseignement ; 4º d'aider à la propagation des connaissances pédagogiques au moyen de ses collections* ».

Un musée d'hygiène et une bibliothèque de 12.000 volumes complètent cette institution, qui est appelée à rendre de grands services à l'enseignement.

Parmi les spécimens envoyés par le musée pédagogique, on remarque une collection de figurines en cire représentant, avec leurs costumes pittoresques, les types si variés de la population de l'immense empire russe. *Ces statuettes peuvent servir utilement à l'étude de l'ethnographie, enseignement indispensable dans un pays dont les populations sont d'origines si diverses.*

La Finlande, qui a une organisation particulière, a disposé son Exposition scolaire dans un local spécial.

Exposition de la Finlande.

Constatons d'abord que l'instruction est assez répandue en Finlande et que l'administration s'en remet aux familles pour les débuts de l'enseignement. Pour qu'un enfant soit admis aux écoles communales, il faut qu'il soit âgé de dix ans et qu'il sache lire couramment. Ces efforts sont d'autant plus louables que les obstacles qui s'opposent à la diffusion de l'enseignement sont très grands.

En effet, il résulte d'une intéressante statistique qu'un tiers des élèves se trouve à une distance moyenne de 10 à 15 kilomètres de l'école la plus rapprochée.

Enseignement intuitif de l'arithmétique.

L'enseignement intuitif semble aussi être en honneur dans la Finlande. Nous avons remarqué un tableau pour servir à la théorie des fractions, qui doit produire de bons résultats. Ainsi ce spécimen, que nous copions sur le tableau, doit donner à l'enfant une idée claire et précise

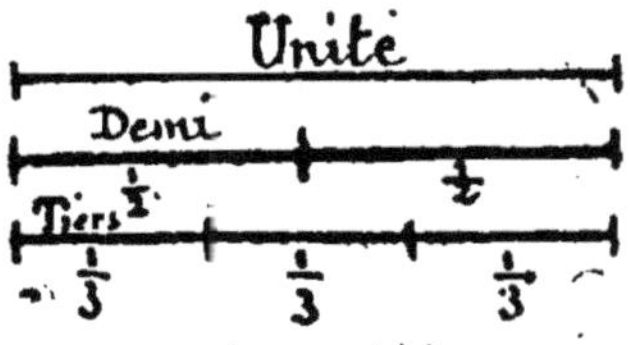

de ce qu'il faut entendre par les expressions demi, tiers et aider puissamment la définition.

Suisse

L'Exposition scolaire de la Suisse, sous une apparence très modeste, présente un ensemble fort complet et très intéressant.

Nous ne parlerons que pour mémoire des jolis travaux exécutés, d'après la méthode Frœbel, dans les écoles enfantines de Genève. Nous avons parlé ailleurs des avantages de cette méthode ; nous ferons remarquer cependant qu'ici on semble tomber un peu dans l'exagération.

Voici tout un mode d'information et de correspondance entre la famille et l'instituteur, livrets de travail, livrets de conduite, bons de semaine, bons de satisfaction, billets de retenue, billets d'absence, etc. Sans doute, on pourra dire que ce sont de menus détails ; mais ils n'en ont pas moins leur importance : ils favorisent singulièrement l'ordre et la discipline, et l'émulation est vivement excitée à l'école, car l'enfant sait que ses progrès seront constatés et signalés à ses parents.

Le canton de Vaud expose une remarquable collection de devoirs d'élèves. Ce ne sont point des travaux faits en vue de l'Exposition universelle, c'est l'écolier pris sur le vif, avec son imagination capricieuse et sa prose naïve. On se plaît à parcourir ces compositions pour lesquelles la plus grande latitude a été laissée à l'enfant et où il se dépeint lui-même. Les sujets sont, en général, bien choisis : récits d'une promenade champêtre, emploi d'une journée scolaire, un examen, etc.

Disons un mot de ces excursions champêtres faites en commun par les écoliers. Elles présentent, selon nous, des avantages incontestables : 1° ces promenades peuvent être accordées comme récompenses et servir ainsi à exciter une louable émulation ; 2° elles doivent, autant que possible, avoir un but pratique : visite d'une usine, d'une exploitation agricole, d'un monument historique, etc., et peuvent être utilisées pour la formation d'un petit musée scolaire, auquel les enfants s'intéresseront d'autant plus qu'ils en auront recueilli les éléments : plantes, insectes, minéraux, etc. ; 3° elles fournissent à l'instituteur l'occasion de donner des explications intéressantes sur l'agriculture, l'histoire naturelle et l'industrie ; 4° elles peuvent servir de sujet à une narration, à un récit détaillé ; 5° elles favorisent chez l'élève cet esprit d'observation qui est la base d'un jugement sain et éclairé.

Nous avons remarqué plusieurs mémoires, rédigés par des instituteurs suisses, en vue des conférences cantonales et qui témoignent de connaissances pédagogiques étendues.

Un de ces intéressants mémoires traite des « Moyens de développer la correction du langage et de faciliter l'élocution chez les élèves. »

L'enfant, en effet, éprouve des difficultés de tous genres à s'exprimer correctement. « Que le maître s'applique à redresser les incorrections du langage de ses élèves, fait remarquer judicieusement l'auteur du travail cité, qu'il leur fraye la voie par l'exemple. Les récits historiques qu'il pourra faire reproduire oralement par les élèves, les résumés oraux de lecture les briseront peu à peu aux difficultés de l'expression, et on verra bientôt leur langage se dépouiller des épithètes triviales ou impropres et prendre une forme correcte. »

L'orthographe est, en France, la pierre angulaire de l'instruction ; peut-être lui fait-on la part un peu trop belle ; ce rigorisme des mots et des formes n'est-il pas poussé un peu loin ?

En Suisse, on se montre plus indulgent ; aussi dans les devoirs des élèves, les fautes d'orthographe sont assez nom-

breuses, mais l'expression dans les narrations revêt souvent une élégance et une harmonie que l'on trouve assez rarement dans les devoirs des élèves français.

Lequel des deux systèmes doit-on préférer ? Nous ne nous reconnaissons pas l'autorité nécessaire pour trancher la question.

D'après le tableau officiel que nous voyons exposé, le programme de l'enseignement primaire comprend l'instruction civique.

Il ne faut pas que ce titre effraye. En effet, le manuel que M. Bornet a composé pour répondre à cette heureuse innovation expose simplement les devoirs du citoyen envers la patrie : *la famille, la propriété, le respect de la loi, la Constitution, sont l'objet de commentaires présentés sous une forme attrayante.*

Ces saines notions, ces sages principes, inculqués de bonne heure dans l'esprit de l'enfant y produisent une impression profonde qui influe de la manière la plus heureuse sur la conduite future de l'enfant devenu citoyen.

Cet enseignement est digne du vaillant peuple qui a écrit cette belle devise dans sa constitution : « Un pour tous, tous pour un. »

Belgique

L'Exposition scolaire de la Belgique est très remarquable à tous les points de vue ; elle forme un ensemble harmonieux qui plait à l'œil.

Mais, fidèle à notre programme et afin de ne pas nous répéter, nous signalerons seulement les innovations heureuses ou les choses pratiques que nous n'avons pas rencontrées ailleurs.

Parlons d'abord des devoirs d'élèves. En général, les cahiers que nous avons feuilletés sont propres et soignés ; seulement, au lieu d'une simplicité sobre et élégante, on regrette de trouver trop souvent des enjolivements d'un goût douteux.

Voici de bons sujets de narrations, assez bien traités, du reste : Utilité de la caisse d'épargne ; les Sociétés de prévoyance ; respectez les nids des oiseaux ; guerre aux préjugés ; le crapaud, le hibou, le hérisson ; récit d'une excursion scolaire, d'un examen du certificat d'études primaires, etc. Comme dans les devoirs suisses, l'orthographe est assez négligée, mais souvent les phrases revêtent une certaine élégance de forme et d'expression.

Les problèmes d'arithmétique bien disposés, calculs à gauche, raisonnement et solution à droite, se rapportent souvent à l'agriculture ou à l'industrie locale.

Les conjugaisons des verbes sont présentées d'une manière intelligente. Ainsi, l'élève compose de petites phrases sur un groupe de temps ; sur les présents de tous les modes, par exemple : je chante une romance, je chanterais un refrain si la classe était finie, etc. La dépendance des temps du subjonctif est indiquée par les verbes il faut, je désire, je doute, je veux, etc.

Sans doute, cette méthode n'est pas nouvelle, mais on ne saurait la mettre trop en lumière, et puisqu'on fait encore des conjugaisons écrites, qu'elles affectent au moins une forme analogue.

Les musées scolaires sont largement représentés à l'Exposition belge. Les collections de plantes, d'insectes, de minéraux sont disposés avec le meilleur goût. Les industries locales sont représentées par de nombreux échantillons de la matière première sur lesquels on suit avec intérêt les diverses transformations qu'elle subit. Les éléments de ces musées scolaires sont recueillis, pour la plupart, dans les excursions champêtres que les élèves font en commun sous la direction de leurs maîtres.

Nous n'avons pas besoin de faire ressortir les avantages de ces utiles collections : tout le monde en apprécie l'importance.

Écoles ménagères du Hainaut.

Disons un mot des écoles ménagères du Hainaut. *Outre l'enseignement primaire, on apprend aux jeunes filles à blanchir, à repasser le linge, à l'entretenir en bon état.*

Elles reçoivent quelques notions élémentaires d'hygiène ; on leur enseigne la manière de faire la tisane, les cataplasmes, les onguents simples, etc. Enfin, elles apprennent à coudre, à tricoter, à broder, à marquer, à rapiécer, etc.

Nous ne croyons pas qu'il existe d'institutions analogues en France.

L'enseignement géographique, en Belgique, se rapproche beaucoup du nôtre. D'après la méthode du frère Alexis, l'élève colorie et complète des cartes muettes ; puis il les copie à vue, enfin il les reproduit de mémoire. Les cartes obtenues par ce procédé sont bien réussies et suffisamment exactes.

L'esprit d'initiative est puissant et fécond en Belgique. Nous n'en voulons pour preuve que cette Ligue de l'Enseignement qui vient de fonder à Bruxelles une très confortable école-modèle et dont elle expose une remarquable réduction.

Ligue de l'enseignement de Bruxelles. — Programme.

Nous ne pouvons mieux terminer qu'en citant le programme de cette Société : « *Elle se propose de propager et de perfectionner l'éducation et l'instruction en provoquant dans la loi des révisions qui la mettent en harmonie avec les mœurs et en favorisant la création de bibliothèques, cours, écoles, etc., ou la publication d'ouvrages relatifs à l'enseignement.* »

Quant à cette école-modèle de Bruxelles, elle est créée dans le but exprès de cultiver la méthode intuitive de la façon la plus complète, d'éclairer l'intelligence et de ne laisser à la mémoire qu'un rôle secondaire, d'éviter les abstractions si peu faites pour l'enfance et de développer le sentiment du beau, le goût du vrai et l'amour du bien.

DANEMARK

La Grèce n'est représentée, au point de vue scolaire, que par une bibliothèque des livres d'enseignement et des spécimens de calligraphie et de dessin. Nous ne voyons rien là de bien intéressant et nous passons à l'Exposition scolaire danoise.

Commençons par dire que l'instruction est fort en honneur au Danemark et que l'obligation n'est pas un vain mot : une amende plus ou moins forte est infligée aux parents négligents.

Les enfants doivent fréquenter les écoles (écoles payantes ou écoles gratuites, selon le cas), de 7 à 14 ans. *Le programme comprend, outre la langue maternelle, l'histoire nationale et des notions sur l'histoire générale, les éléments de l'histoire naturelle et de la physique, le calcul, la comptabilité, le dessin, les mathématiques élémentaires, la géographie générale et la gymnastique.* C'est, on le voit, un programme fort complet. Nous parlerons d'abord de l'enseignement du dessin. La collection des travaux des élèves est à voir tout entière. A côté des motifs de décoration et d'architecture : animaux, fleurs, ornements, qui sont dessinés avec un vigoureux relief, on voit des épures de géométrie d'une finesse, d'une délicatesse d'exécu-

Obligation effective de l'instruction primaire. — Programme de l'enseignement.

tion très remarquables. De menus objets, des outils, haches, rabots, bêches, etc., sont reproduits dans diverses positions avec une grande vérité de perspective. Enfin de grands modèles, analogues à ceux de la collection hongroise, peuvent servir à une division entière d'élèves.

Les enfants les reproduisent à une échelle convenue et tels qu'ils les voient de leurs places.

Les heures de récréation sont employées soit à des travaux manuels, soit à des exercices de gymnastique.

Parmi les ouvrages exécutés par les élèves, nous voyons des cadres, des encriers, des vases, des jouets de toutes sortes. Les élèves les plus habiles ou qui ont des aptitudes spéciales sont envoyés dans les écoles professionnelles.

Au Danemark, la natation complète l'enseignement de la gymnastique ; *elle est obligatoire pour tous les garçons.*

Un ingénieux appareil, que nous voyons exposé, permet aux enfants de faire à sec tous les exercices préalables. L'élève a la poitrine soutenue par un tissu solide ; ses mains et ses pieds, passés dans des courroies mobiles, peuvent exécuter librement tous les mouvements nécessaires.

Il y a peut-être là une heureuse innovation ; en tout cas, nous avons cru bon de la signaler.

AMÉRIQUE CENTRALE. — AMÉRIQUE MÉRIDIONALE. — LUXEMBOURG. PORTUGAL.

Les États de l'Amérique centrale et de l'Amérique méridionale n'ont exposé, au point de vue scolaire, rien de particulièrement intéressant et nous n'en parlons que pour être complet.

Notre itinéraire nous conduit à l'Exposition scolaire du Grand-Duché de Luxembourg.

Là encore, rien de bien remarquable.

Nous devons cependant constater l'importance que dans ce pays on attache, avec raison, à la caisse d'épargne scolaire. Le caractère et le but de cette utile institution sont très bien exposés dans une intéressante brochure, et le mécanisme, autant que nous avons pu en juger par les registres, feuilles d'inscription, etc., est d'une grande. simplicité.

Le Portugal a exposé des documents statistiques, un plan en relief d'une école et quelques spécimens de devoirs d'élèves.

Tout cela présente un assez médiocre intérêt, et on regrette que l'instruction, qui est en honneur au Portugal, ne soit pas plus largement représentée.

PAYS-BAS

Nous arrivons à notre dernière étape, en pays étranger, car nous ne parlons que pour mémoire de la minuscule Exposition scolaire de la Norwège, au Trocadéro.

L'Exposition scolaire de la Hollande est un peu plus complète que les précédentes.

L'enseignement de l'arithmétique, d'après le système Ijkéma, mérite une mention spéciale.

A l'aide de petits cubes en carton, on démontre, de la façon la plus évidente, les propriétés des fractions et les règles des opérations auxquelles elles donnent lieu. Ainsi, nous prenons cet exemple : $3\frac{2}{3} : \frac{1}{3} = 5\frac{1}{2}$.

La chose présentée sous cette forme est purement abstraite.

Mais si nous remarquons que diviser $3\frac{2}{3}$ par $\frac{2}{3}$, c'est chercher combien de fois $\frac{2}{3}$ sont contenus dans le dividende, nous pourrons exprimer au moyen de cubes dont chacun figure un tiers, l'égalité suivante dont la clarté parlera aux yeux des élèves les moins intelligents :

$$\frac{3}{3}+\frac{3}{3}+\frac{3}{3}+\frac{2}{3}=\frac{11}{3} = \frac{2}{3}+\frac{2}{3}+\frac{2}{3}+\frac{2}{3}+\frac{2}{3}+\frac{1}{3}=\frac{11}{3}$$

les $\frac{2}{3}$ sont contenus 5 fois $\frac{1}{2}$ dans les $\frac{11}{3}$ qui équivalent à $3\frac{2}{3}$.

Ce spécimen peut donner une idée de l'esprit de la méthode. La démonstration des formules pour l'évaluation des surfaces et des volumes est donnée d'une manière analogue· et qui se rapproche beaucoup de notre takimétrie.

Nous arrêtons là nos observations sur les Expositions scolaires des nations étrangères.

En glanant dans ce vaste champ ouvert à l'investigation, nous avons essayé de mettre en lumière les idées fécondes, les innovations pratiques qui nous ont paru susceptibles d'application dans notre pays.

Puissions-nous avoir été heureux dans notre choix.

FRANCE

Il nous tarde d'arriver enfin à l'Exposition scolaire de notre France. Hâtons-nous de constater que l'ensemble en est fort satisfaisant et proclame bien haut les progrès réalisés ces dernières années dans toutes les branches de l'enseignement. Nous constatons avec bonheur que notre patrie n'a rien à envier aux nations étrangères les plus favorisées au point de vue de l'instruction, et qu'elle a conquis sur les autres une supériorité marquée.

Conformément au programme que nous nous sommes imposé, nous continuerons dè mettre en relief les idées neuves et les procédés nouveaux d'une utile et facile application.

MINISTÈRE DE L'INSTRUCTION PUBLIQUE

Exposition de l'Enseignement primaire

Écoles normales primaires. — Nous commencerons par la deuxième salle de l'Exposition du Ministère de l'Instruction publique. C'est là que se trouvent réunis les envois divers des Écoles normales primaires.

Guidé par la reconnaissance, nous avons voulu d'abord donner quelques instants d'attention à cette École normale d'Alençon, dont l'enseignement intelligent et l'habile direction ont aplani les difficultés de notre carrière et nous ont laissé de si doux souvenirs.

L'instruction et l'éducation — ces deux mots entendus dans leur plus noble acception — sont largement donnés à l'École normale de l'Orne ; les maîtres s'appliquent à développer chez les élèves cet esprit d'observation si nécessaire aux éducateurs de la jeunesse.

Les travaux exposés le disent assez, du reste : récits des excursions faites aux exploitations agricoles ou aux usines des environs ; enseignements qui se dégagent de ces visites ; questions de pédagogie, de méthodes ; com-positions historiques ; leçons de choses faites à l'école annexe par les élèves [; spécimens de cartes de géogra. phie ; collection de problèmes de mathématiques empruntés à l'agriculture et à l'industrie, etc., etc., tout cela forme un ensemble intéressant.

Nous le constatons avec plaisir, la calligraphie française a conservé sur les écritures étrangères une supériorité incontestable. Les albums de calligraphie

exposés par les Écoles normales sont, en général, très soignés. Les caractères sont élégants, gracieux et d'une grande netteté.

Parmi les dessins exposés par l'Ecole normale de l'Orne, nous remarquons une œuvre de patience dont l'exécution fait honneur à l'habile professeur de dessin, M. Fouré, qui a su en concevoir le plan et en diriger l'exécution ; nous voulons parler de la perspective de l'établissement, prise à vol d'oiseau ; ce travail est irré-prochable à tous les points de vue.

Nous remarquons à l'Exposition de l'École normale de Chaumont, un tableau synoptique qui pourrait avoir son pendant à l'école primaire. Ce tableau résume, pour chaque année, les résultats des examens du brevet de capacité, résultats qui sont commentés dans une colonne d'observations.

L'instituteur, dans sa modeste sphère, ne pourrait-il pas aussi dresser un tableau des résultats obtenus aux examens du Certificat d'études primaires et lui donner une place d'honneur dans sa classe ?

Nous voyons aussi dans le programme de la même école que, pour l'enseignement de la grammaire, les élèves doivent composer des exemples en application des règles et expliquer par écrit les dictées.

L'École normale de Versailles expose une collection de cartes représentant la France aux principales époques de son histoire ; moyen excellent pour caractériser une période.

L'exécution matérielle est parfaite : les noms écrits en lettres moulées produisent le meilleur effet.

A Melun, les élèves de l'École normale reproduisent par écrit, en les analysant, les leçons des professeurs. Ces rédactions sont ornées, en ce qui concerne les sciences naturelles, notamment, de dessins qui ont le double avantage de graver les leçons dans la mémoire des élèves et de les habituer à dessiner promptement et avec exactitude.

Voici des reliefs fort intéressants envoyés par l'École normale de Vesoul.

Le relief de la commune de Frotey-lès-Vesoul, par exemple, a demandé des efforts persévérants ; au préalable, il a fallu procéder au nivellement général du terrain, car pour un territoire peu étendu, les courbes de la carte de l'État-Major sont d'un faible secours.

Maîtres et élèves ont exécuté là un beau travail. Parlons maintenant des Musées scolaires.

Celui que les élèves de l'École normale d'Amiens ont formé mérite d'être pris comme modèle du genre. Les objets dont il se compose sont divisés en quatre sections : ALIMENTS, VÊTEMENTS, HABITATION, DIVERS.

Tout cela est rangé et catalogué avec goût et méthode.

D'autres Musées analogues, outre les séries fondamentales : aliments, vêtements, habitation, présentent des collections d'oiseaux utiles à côté des insectes nuisibles qu'ils détruisent.

Nous remarquons au Musée de l'École normale de Douai des solides en carton, décomposés en leurs éléments et qui servent à la démonstration des formules. C'est un acheminement vers la takimétrie qui, à notre humble avis, pourrait être introduite avec avantage à l'école primaire.

On le voit, nos Écoles normales travaillent avec zèle et succès à former des instituteurs instruits et dévoués ; elles les initient à ces méthodes rationnelles, fécondes qui, reléguant la mémoire au second plan, donnent la première place au cœur et à l'intelligence.

Espérons, pour le bonheur de notre chère France, qu'une génération fortement trempée, dévouée à la patrie, sera le fruit de tant de généreux efforts !

ÉCOLES PRIMAIRES

Nous n'essayerons pas d'analyser les devoirs multiples, les travaux scolaires qui, en quantité pour ainsi dire innombrable, remplissent les casiers de la galerie extérieure de l'Exposition du Ministère de l'Instruction publique. Il faudrait des semaines pour examiner en détail toutes ces compositions.

Devoirs des élèves des écoles primaires.

Notre rôle se bornera à résumer rapidement ce qui nous a paru le plus rationnel dans l'enseignement de chacune des matières du programme des écoles primaires.

Dans les devoirs que nous avons feuilletés, la lecture est représentée par des résumés, des analyses. *Quelques récits même sont égayés par des dessins, les uns d'invention, les autres d'après la vignette du livre. Égayés est bien le mot qui convient, car cette façon souvent naïve de reproduire les choses appelle le rire ; mais, disons-le, un rire indulgent, car si l'exécution est mauvaise, l'idée est bonne et pratique.*

Nous avons de grands progrès à signaler dans l'enseignement du français.

Les conjugaisons et les analyses écrites ont fait place à d'intéressants exercices. On suit avec intérêt

Devoirs de français.

les évolutions multiples qu'a dû faire l'enfant pour acquérir une diction correcte et un style régulier. *Petites phrases sur un mot donné, groupement des mots de la même famille, exercices sur les homonymes et les synonymes, mise en prose de morceaux de poésie, récits très simples reproduits après la lecture ;* tels sont les exercices préliminaires que nous retrouvons dans un certain nombre de devoirs. Pour habituer l'élève à l'agencement des mots et lui rendre certaines tournures familières, il serait bon aussi, ce nous semble, de lui faire traduire une même idée sous deux ou trois formes différentes et de lui frayer la voie par des exemples.

Dictées. — Narrations.

Les dictées, les narrations proprement dites sont, en général, bien choisies ; ici, on détruit un préjugé ; là, on fait valoir l'utilité de la caisse d'épargne et des institutions de prévoyance ; plus loin, vous suivez avec intérêt la description d'une salle de classe ou le récit d'une excursion champêtre.

L'écriture de ces devoirs est fort nette et fort lisible ; l'expédiée conserve, en général, cette forme élégante qui est le privilège de notre calligraphie.

Arithmétique.

L'arithmétique est représentée par de nombreux exercices. Les problèmes sont empruntés pour la plupart à l'agriculture et à l'industrie. Nous en avons reconnu plusieurs qui ont été extraits de l'excellent recueil de M. Lecointe, maître-adjoint à l'École normale d'Evreux. Des exercices pratiques sur l'évaluation des surfaces et des volumes ; le levé des plans et des notions d'arpentage complètent le cours. Il

Emploi abusif des fractions ordinaires.

nous semble qu'on insiste trop sur les fractions ordinaires. Quelle utilité pratique présentent le plus souvent ces opérations ?

La géographie figure dans les devoirs d'élèves pour des cartes nombreuses, dont beaucoup sont bien réussies : carte-plan de la classe, carte de la commune, carte du canton, bassins primaires de la France, etc. Nous aurions voulu trouver, à côté de ces cartes, des renseignements sur la commune et le canton : notice historique, s'il y a lieu, antiquités, statistique agricole, commerciale, etc., etc. C'est en rendant intéressant le début d'un enseignement qu'on le fait aimer.

Voici une carte intitulée : Carte des distances.

Des cercles concentriques et équidistants, ayant pour centre Paris, sont tracés, d'après l'échelle, de 40 en 40 kilomètres. On saisit ainsi d'un coup d'œil la distance qui sépare telle ou telle ville de la capitale.

Une autre carte nous donne la différence d'heure qui existe entre Paris et les principales villes de la France.

Comme complément, qu'on nous permette de dire un mot d'un procédé qui nous a donné de bons résultats. Un cadre mobile en bois et quelques poignées de sable : voilà tout l'appareil. Il a du moins pour lui l'avantage de la simplicité. Pendant qu'un élève dessine une carte au tableau noir, un de ses camarades essaye de reproduire cette carte avec du sable et d'en rendre le relief.

Les montagnes sont figurées par de petits amas de sable et le doigt de l'élève trace les sinuosités des fleuves et des rivières. Rien n'empêche, du reste, de garder les proportions et d'adopter une échelle convenable. Sans doute ce relief n'aura rien de mathématique ; cependant il donnera une idée assez exacte de la forme et de la configuration du territoire de la commune, du canton, d'un bassin, etc., et cette image se gravera plus facilement dans l'esprit de l'élève.

Nous voyons aussi de bons devoirs sur l'histoire de France. On s'attache aux faits importants, aux

Dessin.

grandes époques et on essaye de faire saisir à l'élève les enseignements qui s'en dégagent.

Le dessin, et particulièrement le dessin linéaire, pourrait être cultivé plus en grand et surtout plus fructueusement. Nombre d'enfants quittent la classe sans avoir, par exemple, appris à lire un plan. Les élèves s'intéressent cependant beaucoup au dessin : que l'instituteur leur apprenne ce qu'il faut entendre par ces mots : plan, coupe, élévation ; que la classe soit prise comme exemple et serve d'application : on verra bientôt, l'esprit d'initiative s'éveillant, l'élève dresser lui-même le plan de sa maison, des environs, etc.

Nous remarquons plusieurs travaux conçus dans cet esprit ; il serait bon certainement de répandre ces utiles notions.

Conclusion.

En résumé, l'exposition des devoirs des élèves présente un ensemble fort complet. Sans doute, tout n'est pas irréprochable, et comme idée et comme exécution ; mais, hâtons-nous de le dire, on constate presque partout des progrès sensibles. En général, les instituteurs s'inspirent de ces méthodes rationnelles et fécondes qui, par d'intéressants exercices, équilibrent toutes les facultés de l'enfant, et qui, surtout, s'adressent au cœur et à l'intelligence.

VILLE DE PARIS

Exposition de l'Enseignement primaire

Nous signalerons rapidement les particularités les plus remarquables de cette brillante exposition. Constatons d'abord la vigoureuse impulsion que M. Gréard, l'habile directeur de l'enseignement primaire à Paris, a su donner à l'instruction, secondé en cela par le concours bienveillant de la municipalité.

Les devoirs que nous avons feuilletés conservent, il faut le dire franchement, une certaine supériorité sur leurs similaires de la province. Le style, notamment, se traduit par des formes plu élégantes, plus harmonieuses. De gracieux dessins accompagnent souvent ces devoirs et produisent un heureux effet. Les meilleurs procédés d'enseignement que nous avons longuement décrits, à propos des devoirs de la province, sont appliqués ici avec un goût, une méthode, un talent qui approchent de la perfection. Les spécimens de calligraphie et de dessin sont, à tous points de vue, très remarquables.

Parlons maintenant de l'enseignement primaire supérieur, dont M. Gréard expose ainsi le programme :

« *Cet enseignement, dit-il, est aujourd'hui nettement déterminé quant à son caractère, arrêté avec précision dans ses lignes principales, distribué avec ordre dans ses diverses parties. L'enseignement a pour base l'étude de la langue française et des langues vivantes, des mathématiques et des sciences physiques, de l'histoire et de la géographie, de la comptabilité et du dessin, c'est-à-dire un ensemble de connaissances combinées en vue de préparer les enfants de la classe moyenne, par un développement harmonieux de toutes leurs facultés, à la pratique intelligente et raisonnée des professions qui touchent au commerce et à l'industrie.* »

S'inspirant du nom qu'elles portent, les écoles Turgot ont marché hardiment dans la voie des innovations. Elles ont propagé d'excellents livres, formé des maîtres et créé ces méthodes rationnelles qui, du centre, ont rayonné dans toutes les régions de la France. Elles ont mis en honneur les excursions scientifiques et les promenades instructives. Les éléments de ce beau plan de la ville de Dieppe, dressé par les élèves et que nous voyons exposé, ont été réunis dans une de ces excursions scientifiques.

Voici une intéressante collection d'appareils pour l'enseignement de la gymnastique : portiques, barres parallèles, échelles de corde, anneaux, haltères, tremplin, etc., etc.

Encore une innovation heureuse et qui serait applicable dans les grands centres de population ; nous voulons parler de l'atelier d'apprentissage annexé

à l'école de la rue Tournefort. L'apprentissage s'applique à la sculpture, à la menuiserie, au tour et au travail des métaux. D'intéressants spécimens du travail obtenu sont exposés. Cette école suit le même programme que les autres écoles parisiennes et l'enseignement professionnel est donné en dehors des heures réglementaires de classe.

Nous ne pouvons mieux terminer cette rapide revue qu'en signalant une création qui fait le plus grand honneur à la direction de l'enseignement pri-

maire parisien ; nous voulons parler du magasin scolaire de la Ville.

Il a été établi, en 1871, dans le but d'assurer aux classes la fourniture régulière du matériel classique et du mobilier scolaire. Estrades, bancs, tables, chaises, bibliothèques, tableaux, sont soigneusement rangés dans des salles spéciales. D'autres salles renferment les livres, cahiers, plumes et autres fournitures classiques.

Cette utile institution rend de grands services : en effet, on n'est jamais pris au dépourvu, on a toujours sous la main les ressources nécessaires pour satisfaire à toutes les demandes ; de plus, les collections du matériel sont soigneusement conservées et permettent de comparer, de juger, d'apprécier les améliorations, les progrès obtenus chaque jour. On le voit, la Ville de Paris tient l'enseignement primaire en haute estime et elle le donne généreusement et fructueusement à ses enfants.

Publications diverses. — Mobilier scolaire. — Appareils divers.

Nous glanerons maintenant dans les diverses salles de l'Exposition du Ministère de l'Instruction publique.

Ecriture Flament, dite écriture française.

Et, pour réparer une omission, nous commencerons par dire un mot de la méthode d'écriture Flament. La maison Belin, qui a édité cette méthode, en expose des spécimens vraiment remarquables. Cette écriture est belle et fort lisible ; malheureusement, et nous en parlons après expérience faite, elle ne peut s'expédier promptement.

Librairie Armand Colin.

Les grands éditeurs parisiens exposent leurs vastes collections de livres classiques. Dans un cadre plus modeste, la librairie Armand Colin a réuni ses publications les plus intéressantes. « *Faire simple* » *telle est sa devise. Toute la collection des livres classiques qu'elle a édités est conçue dans un excellent esprit et répond parfaitement à l'utile institution du Certificat d'études primaires.*

Solfège. — Méthode simplifiée.

Voici, en musique, une publication intéressante. La méthode de M. Rémond permet la lecture instantanée de toutes les clefs ; en effet, les notes sont remplacées par l'initiale de chacune d'elles. Il nous semble que le solfège doit être singulièrement facilité par cette ingénieuse méthode.

Jetons un coup d'œil en passant au nécessaire métrique Carpentier. La réputation n'en est plus à faire : bientôt, espérons-le, on le trouvera dans toutes les écoles.

La librairie Delagrave expose un petit nécessaire pour leçons de choses. Les collections, rangées avec ordre, correspondent aux trois divisions : Vêtements, habitations, aliments.

Ce petit musée rendra de grands services aux maîtres : du reste, ils pourront facilement l'enrichir de collections nouvelles.

Terminons cette rapide esquisse par un hommage à un nom bien connu dans les annales de la pédagogie et dont l'enseignement déplore la perte récente : j'ai nommé, on le devine, Mme Pape-Carpentier.

Sa collection d'instruments pour l'éducation des sens est fort ingénieuse. Ici, le contrôleur métrique horizontal sert à exercer l'œil et la main à déterminer exactement les longueurs ; là, le polygonaire, sorte de tableau peint en blanc, permet aux enfants de dessiner des figures au moyen d'un cordonnet noir et d'épingles qu'ils implantent dans ce tableau.

Toutes ces conceptions ingénieuses ne rendent que plus déplorable la perte que l'enseignement vient de faire.

GÉOGRAPHIE

L'Exposition de géographie est très complète et très intéressante.

Mais quelques mots seulement, car nous avons déjà parlé ailleurs sur cette matière.

Payons. d'abord notre tribut d'admiration à cette belle *carte de l'état-major français, qui représente 5,000 années de travail ! — je dis bien 5,000 années, — fournies par près de 800 officiers topographes, géodésiens, graveurs, etc.*

Voici, en relief, le plan de la France, dressé par Mlle Kleinhans, sous la direction de M. Levasseur, et d'après les données de la carte de l'état-major. Cette carte est d'un grand effet.

M. Vinot expose une carte céleste qui a sa place marquée à l'école primaire. Par une combinaison ingénieuse, cette carte peut donner l'aspect du ciel à un jour quelconque de l'année et à une heure quelconque de chaque jour. En trois ou quatre soirées, les élèves de la division supérieure, nous en avons fait l'expérience, peuvent apprendre à distinguer les principales constellations.

Carte céleste de M. Vinot.

ECOLE-MODÈLE FERRAND

Un architecte de talent, M. Ferrand, a eu l'ingénieuse idée de construire au Champ de Mars un groupe scolaire qui pût servir de modèle aux constructions du même genre.

Des progrès très sensibles y sont réalisés. D'abord, les seuls matériaux employés sont le fer et la brique. Les murs et les plafonds des classes sont creux. L'air étant mauvais conducteur de la chaleur, cette disposition a pour effet de mettre les classes à l'abri des variations extérieures de la température.

Description de l'école-modèle Ferrand.

Les classes affectent la forme octogonale ; elles y gagnent d'abord en élégance ; puis ces pans coupés favorisent beaucoup l'exposition des cartes, tableaux, etc.

La question de l'éclairage est aussi résolue d'une façon très heureuse ; à gauche des élèves, une des faces de l'octogone est occupée presque entièrement par un châssis ; en face, se trouve un autre châssis ayant à peu près le tiers de la surface du premier. De cette façon, les inconvénients de l'éclairage bilatéral sont évités et toutes les parties de la classe sont suffisamment éclairées.

De cette manière aussi la ventilation naturelle est très facile à effectuer au moyen des châssis. La ventilation artificielle s'opère d'une façon fort ingénieuse. On sait que l'air vicié est plus dense que l'air pur ; il séjourne par conséquent dans les parties basses de la classe. Une série de tuyaux occupent la périphérie de la salle et communiquent avec une chambre de chaleur installée dans les combles. Cette chambre de chaleur est alimentée l'hiver par le pouvoir calorique de la fumée et l'été par la chaleur solaire. Elle joue ainsi le rôle de moteur ; et l'air vicié est rejeté au dehors par la voie des tuyaux installés à chaque pan des murs. L'air se renouvelle ainsi sans gêne aucune pour les élèves.

Enfin, détail heureux, un grand planisphère céleste décore le plafond de la salle.

Espérons que les architectes s'inspireront de ces heureuses dispositions dans la construction des maisons d'école qu'une loi libérale vient de mettre à l'ordre du jour.

Planisphère céleste dessiné au plafond de la salle.

Le Creuzot

Nous voici arrivé à la dernière étape de notre longue pérégrination.

L'organisation des écoles de l'immense usine est fort remarquable.

Nous ne pouvons résister au plaisir de citer ce passage du programme d'enseignement.

Programme d'enseignement au Creuzot.

« L'école a pour but de développer les facultés phy-« siques intellectuelles et morales des enfants. Elle ap-« porte tous ses soins à l'aérage et au chauffage des

« *classes, à la bonne distribution de la lumière, au*
« *mobilier commode, à l'étendue des cours, à la culture*
« *des jardins, enfin aux exercices gymnastiques. Quant*
« *à ce qui concerne l'éducation intellectuelle, l'école ne*
« *considère la mémoire que comme l'auxiliaire de l'in-*
« *telligence ; rien n'est appris par cœur, avant d'avoir*
« *été expliqué et compris. Elle ne sépare pas l'instruc-*
« *tion de l'éducation, parce qu'elle croit que la pre-*
« *mière est le moyen d'arriver à la seconde, qui est le*
« *but.*

    « *L'émulation à l'école est fortement excitée soit par*
« *les nombreuses récompenses données en livres sérieux,*
« *utiles, et souvent d'une grande valeur, soit par l'es-*
« *poir d'obtenir à l'usine ou en ville une position en*
« *rapport avec la place à l'école. A l'usine de M. Schnei-*
« *der, la faveur est accordée au mérite : les élèves qui*
« *n'ont pas dépassé les deux classes inférieures ne peu-*
« *vent prétendre qu'aux ateliers de grosse fabrication ;*
« *ceux qui ont suivi les classes intermédiaires sont gé-*
« *néralement placés dans les ateliers de précision ; ceux*
« *enfin de la première classe sont destinés au recrute-*
« *ment des bureaux. Quelques-uns entrent à l'Ecole nor-*
« *male de Mâcon, pour revenir au Creuzot comme ins-*
« *tituteurs ; d'autres sont préparés pour l'Ecole des*
« *Arts et Métiers d'Aix, et entrent à l'usine après leurs*
« *trois années de nouvelles études.* »

On le comprend sans peine, ce système d'éducation produit d'heureux fruits ; l'enfant voit à bref délai la résultante de ses efforts ; il comprend qu'il est l'artisan de sa fortune.

Nous ne dirons rien des devoirs des élèves : ils sont très soignés en général et témoignent d'une bonne direction : nous avons consigné ailleurs nos observations, nous n'y reviendrons pas. Constatons seulement que les mathématiques sont fort bien enseignées. Les

Perfection des
épures et des
dessins.

épures, dessins de machines, etc., sont l'objet d'un cours spécial ; les spécimens exposés ne laissent rien à désirer comme exactitude ou comme travail graphique.

Les institutions de prévoyance, la caisse d'épargne scolaire, notamment, sont fortement encouragées au Creuzot et exercent une salutaire influence sur la nombreuse population de l'usine.

La sollicitude presque paternelle des Directeurs de ce magnifique établissement s'applique sans relâche à procurer le bien-être aux ouvriers. La crèche, les salles d'asile, l'école, instruisent et moralisent ces enfants, et leur donnent les moyens de pourvoir honorablement à leur existence et augmentent ainsi les forces vives de la société.

CONCLUSION

Nous avons essayé, dans ce travail, de mettre en lumière les enseignements qui se dégagent de cette magnifique Exposition scolaire.

Appréciation sur
l'Exposition sco-
laire française.

Puissions-nous avoir été heureux dans notre choix !

Nous avons constaté avec bonheur que notre chère France n'a rien à envier, au point de vue de l'instruction comme à tous les autres, aux nations étrangères les plus favorisées, et qu'elle a conquis une suprématie intellectuelle dont nous avons droit d'être fiers.

Oui, Monsieur le Ministre de l'Instruction publique l'a dit excellemment :

Citation d'un pas-
sage du discours de
M. le Ministre de
l'instruction pu-
blique, donnant sa
conclusion.

« *Tous ces exemples qui ont été donnés aux insti-*
« *tuteurs, tous ces conseils éloquents qu'ils ont enten-*
« *dus, toutes ces grandes choses qu'ils ont vues, leur*
« *feront mieux comprendre leur tâche et leur responsa-*

« bilité et cette date de 1878 sera pour eux, non un
« souvenir de distraction et de plaisir, mais une source
« jamais épuisée de rénovation morale et patriotique ! »

Cerisy-Belle-Etoile (Orne), le 18 Octobre 1878.

EXPOSITION UNIVERSELLE DE 1878

Résumé des Conférences pédagogiques faites à la Sorbonne, aux Instituteurs délégués.

PRÉLIMINAIRES

Appel des instituteurs à Paris. M. le Ministre de l'Instruction publique, par une marque de haute bienveillance, a bien voulu convier les délégués de l'enseignement au magnifique spectacle de l'Exposition universelle.

Une heureuse confusion, ménagée à dessein lors de *Réunion des délégués de toutes les régions de la France.* la répartition en deux séries des instituteurs délégués, mit en rapport le Provençal et le Normand, le Franc-Comtois et le Breton, et produisit un contraste de caractères et de types qui eut bien son côté pittoresque.

Le vendredi 16 Août s'ouvrait la première conférence pédagogique dans cette vénérable Sorbonne, si riche en souvenirs.

M. Casimir Périer, sous-secrétaire d'Etat au Ministère de l'Instruction publique, suppléant M. le Ministre, présida la première réunion et nous adressa quelques paroles de bienvenue.

Dans un langage élevé, M. le sous-secrétaire d'Etat fit ressortir l'importance de l'éducation populaire ; il rappela la sollicitude des pouvoirs publics pour tout ce qui concerne l'instruction primaire : *construction de maisons d'école, encouragements donnés aux instituteurs et, dans un avenir prochain, gratuité, laïcité et obligation de l'enseignement primaire.*

« Unissez-vous, continua M. Périer ; communiquez-
« vous vos impressions, vos désirs, vos espérances ;
« et si, comme je l'espère, cet échange de vues se
« traduit par des *idées généreuses, pratiques, soyez as-*
« *surés du concours bienveillant du Gouvernement de la*
« *République.* »

Avons-nous besoin d'ajouter que ces paroles, chaleu-
reusement applaudies, ont trouvé un écho dans tous les
cœurs et que cette diversité de caractères et de types,
dont nous parlions plus haut, s'est fondue dans un même
élan de respectueuse reconnaissance ?

I. CONFÉRENCE

Sur l'enseignement de la Géographie, faite à la Sorbonne,
le 16 Août 1878, par M. Levasseur,
Membre de l'Institut.

Aujourd'hui, personne ne conteste plus l'heureuse influence de l'instruction populaire bien dirigée.

Eclairer les intelligences, former des hommes de cœur, des citoyens dévoués à la Patrie : telle est, en effet, la mission confiée à l'instituteur.

Tout enseignement bien ordonné a un double but : *une notion particulière à faire pénétrer dans la mémoire de l'enfant, et le développement de l'intelligence, auquel cette notion doit contribuer pour une certaine part.*

L'enseignement de la géographie à l'école primaire est chose assez nouvelle ; il a cherché sa voie assez péniblement, et, aujourd'hui encore, les procédés employés ne sont pas partout rationnels.

Dans un certain nombre d'écoles, l'enseignement de la géographie n'était, en effet, qu'une sèche nomenclature de noms propres, de définitions théoriques, apprises, — et trop souvent non comprises — par l'élève.

La vieille école pédagogique, pour la géographie, comme pour les autres branches de l'enseignement, tenait trop au *manuel,* au *livre appris par cœur,* — *le text-bcok,* disent les Américains, qui réagissent aussi contre cette tendance, — méthode stérile, qui livrait l'enfant à ses propres ressources, et reléguait au second plan la féconde initiative du maître.

L'explication, le commentaire, la vue même des choses : tels sont les nouveaux procédés de la pédagogie.

4

A l'école primaire, dit 'M. Levasseur, on doit moins s'appliquer à donner à l'enfant *des connaissances géographiques étendues qu'à développer chez lui l'intelligence des choses de la géographie.* Mettons entre les mains de l'élève un outil dont il sache se servir : les circonstances, la nécessité, le goût et l'inclination feront le reste.

De même, dans l'enseignement secondaire, on tend moins à former de profonds physiciens ou chimistes qu'à donner aux jeunes gens l'intelligence générale des lois de la physique ou de la chimie, et à leur procurer des moyens d'expérimentation pour le milieu où ils vivront.

Pour répondre à cette pensée, continue M. Levasseur, il faut bannir les définitions abstraites, théoriques, et dépouiller l'enseignement de ces dehors arides qui rebutent l'enfant.

Partez d'un milieu bien connu, la classe par exemple ; tracez-en à grands traits la représentation au tableau noir, et dialoguez un peu avec les élèves :

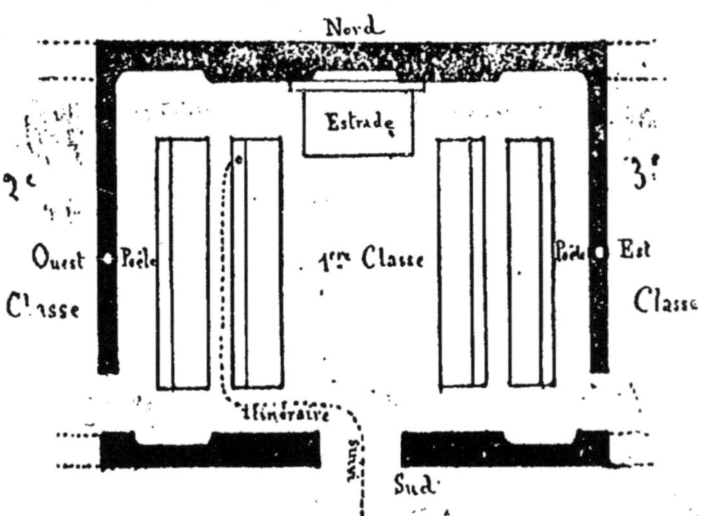

Que représentent ces deux lignes parallèles ?.... Et

cette partie laissée en blanc ?.... Où figure l'estrade ?... Montrez sur ce plan votre place au banc-table.... Tracez l'itinéraire que vous suivez pour venir occuper votre place.... etc., etc. — Orientez votre dessin géographique et saisissez l'occasion pour donner à vos enfants une notion exacte sur les points cardinaux.

On pourra faire tracer cette carte-plan, à une échelle convenable, par les élèves du cours supérieur.

De cette étude fondamentale, passez à la *représentation des environs de la classe.* L'enfant reconnaîtra les rues du village, la maison paternelle, le ruisseau de la vallée, le petit chemin rural.

Le cours d'eau de la prairie permettra de définir, d'une manière pour ainsi dire tangible, ces mots : affluent, confluent, rive droite, rive gauche, amont, aval, pente, etc.

Passant du connu à l'inconnu, du plan à la carte proprement dite, *l'instituteur fera dresser, sans trop de détails, la carte de la commune et celle du canton, par les élèves du premier cours.*

Mais n'exagérons rien ; dès le début, n'allons pas plus loin dans cette voie, l'introduction à la géographie proprement dite doit s'arrêter là.

Il est temps de se servir du globe géographique et de donner à l'élève une leçon sur la forme de la terre, les mouvements de rotation et de translation, la position relative des contrées, etc.

Puis, revenons à notre France bien-aimée ; il doit tarder à l'instituteur de la faire connaître à ses élèves,..... partant, de la faire aimer.

Le tracé de la carte au tableau noir, en présence des élèves, carte dessinée et commentée en même temps par le maître : voilà la méthode par excellence.

Décrivons par exemple le cours de la Garonne. La classe est pourvue, nous supposons, d'un tableau ardoisé, dit carte-muette, sur lequel les départements sont tracés d'avance. Nous empruntons les paroles de M. Levasseur :

« La Garonne a sa source en Espagne, au val
« d'Aran, dans les Pyrénées ; elle n'est encore qu'un
« torrent lorsqu'elle entre en France, se dirigeant vers
« le nord, conformément à la pente des Pyrénées.
« Elle traverse le département de la Haute-Garonne,
« en contournant, vers le nord-est, la région des col-
« lines de l'Armagnac, arrose Toulouse, bâtie au point

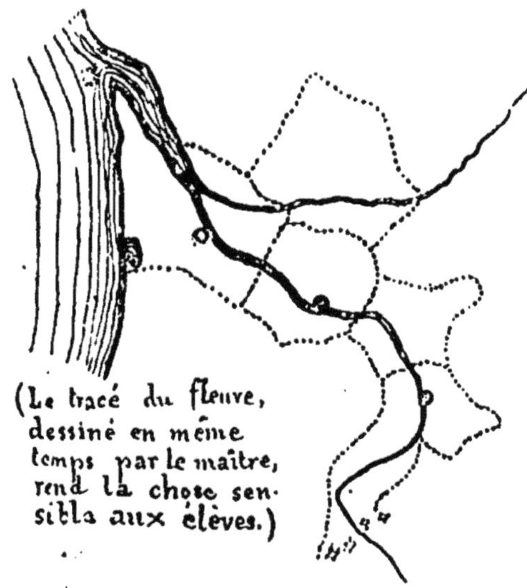

« où elle se détourne vers le nord-ouest, pour couler
« dans une riche vallée, au pied des dernières pentes
« du Massif central, Agen et Bordeaux, où la marée
« se fait déjà sentir dans le fleuve et permet la na-
« vigation maritime. Plus bas, au bec d'Ambez, nom
« pittoresque qui rend bien l'idée d'une pointe de
« terre resserrée entre deux cours d'eau, la Garonne
« reçoit la Dordogne et prend le nom de Gironde.
« Elle forme alors un estuaire, c'est-à-dire une large

« embouchure, et se jette dans le golfe de Gascogne,
« en face du phare de Cordouan. »

Les avantages de cette méthode d'intuition sont incontestables : *la carte se dessine sous les yeux de l'enfant ; les détails qui l'agrémentent se gravent profondément dans sa mémoire ;* et, pour peu qu'il ait de goût et d'application, en quelques jours il deviendra assez habile pour tracer au tableau noir un croquis géographique.

Il importe aussi de faire remarquer aux élèves, dès le début, la relation étroite qui existe entre la direction générale d'un fleuve et de ses affluents et celle des montagnes ou collines qui forment la ceinture du bassin.

Certains atlas, faisant injure au bon sens autant qu'à la vérité géographique, donnent, — disons donnaient, car c'est justice de constater qu'on a rectifié ce contre-sens, — dans le dessin des cartes, une importance égale aux collines de Normandie, par exemple, et au Massif pyrénéen.

Pour donner une idée plus exacte de la réalité des choses, faites remarquer que dans le bassin du Rhône, par exemple, la rive gauche est presque entièrement couverte par les ramifications des Alpes, et que la rive droite, au contraire, à part quelques épanouissements des Cévennes, est légèrement montagneuse, et indiquez par des hachures la différence de configuration du sol, tout en distinguant la ligne de partage des eaux.

Tous ces tracés, après quelques semaines d'exercices, deviendront familiers aux élèves.

La configuration générale du sol étant bien déterminée, il conviendra d'étudier la géographie politique, avec les détails que l'âge et l'intelligence des élèves comporteront.

France agricole, commerciale, industrielle, etc.

La France étudiée au point de vue agricole, industriel, commercial et administratif : voilà une mine féconde de connaissances utiles, et que les commentaires de l'instituteur rendront certainement attrayantes pour les élèves.

L'enseignement de la géographie ainsi compris donnera les plus heureux fruits : l'enfant pour qui, dès l'abord, on aura aplani les difficultés, s'attachera à une étude dont il aura compris l'utilité ; et, en quittant l'école, il emportera les moyens de compléter son étude de la France, qu'on lui aura appris à connaître et à aimer.

RÉSUMÉ

I. — Plan de la classe pris comme entrée en matière. Orientation, etc.

II. — Plan des environs, village, etc. Cours d'eau, affluents, confluents, pente, etc.

III. — Passage du plan à la carte proprement dite. Carte de la commune.

IV. — Forme de la Terre. Globe terrestre. Exercices.

V. — Étude de la France physique. Bassins. Cartes muettes. Étude détaillée du département. France politique.

VI. — France au point de vue agricole, commercial, industriel et administratif.

Tel est l'ensemble de la méthode que M. Lavasseur, notre sympathique conférencier, a exposée avec un talent et une vérité dont ce pâle résumé ne peut donner qu'une idée bien imparfaite.

II. CONFÉRENCE

**sur l'Enseignement de la langue maternelle, faite à la Sorbonne,
le Lundi 19 Août 1878, par M. Berger.**

L'enseignement de la langue maternelle doit être
la base de l'instruction primaire, car, vérité devenue
banale à force d'être répétée : *la Grammaire n'est-elle
pas la clef des sciences ?*

Il importe donc que cet enseignement, auquel sont
subordonnés tous les autres, soit donné de bonne
heure et avec tous les soins qu'en demande l'importance.

L'enseignement du français doit comprendre deux
parties : *1° l'enseignement intrinsèque de la langue,
considérée comme moyen de communication, d'échange
d'idées ; 2° l'application au développement de l'intelligence de l'élève des connaissances qu'il aura acquises.*

Traduire fidèlement ses impressions par le langage
ou par l'écriture ; employer des expressions qui rendent exactement la pensée : tel est le but général de
l'enseignement de toute langue.

L'enseignement oral doit évidemment précéder l'enseignement écrit de la langue.

L'instituteur, dans ses entretiens, doit s'ingénier à
intéresser l'enfant, lui donner un rôle actif, le guider
dans la recherche des expressions, dans l'usage de la
langue, dont il bagaye à peine les premiers mots.

Rien ne contribue plus à enrichir le vocabulaire
de l'enfant qu'un bon livre de lecture. *Les peintures
familières, les dialogues enfantins, les petites phrases
expressives, dont les vignettes font le vivant commentaire,* — toutes choses que doit réunir le livre élémentaire de lecture, — se gravent profondément dans

la mémoire du jeune élève et développent son jugement et son intelligence.

Ouvrant une parenthèse, disons qu'il est juste de constater que la France marche progressivement dans cette voie féconde, frayée, — reconnaissons-le franchement, — par les Etats-Unis d'Amérique.

De quelles ressources n'est pas un livre de lecture bien ordonné ? Un mot de la leçon, une vignette intéressante, ouvriront tout un vaste horizon à ces leçons pratiques qu'on a appelées justement leçons de choses et pour lesquelles l'instituteur n'a qu'à se tenir en garde contre les entraînements de son sujet.

Une petite collection de menus objets : aliments, vêtements, produits végétaux, animaux et minéraux, formera la matière même de ces leçons de choses, complément obligé de la leçon de lecture et base de l'enseignement de la langue.

On devra demander un résumé de lecture dès le cours élémentaire. Il sera bien pauvre, bien naïf au début, sans doute, mais il perdra bientôt, sous une bonne direction, sa forme trop incorrecte.

Les dictées bien choisies, soigneusement graduées, sont d'un puissant secours dans l'enseignement de la langue. *En effet, l'enfant doit se préoccuper de décomposer en ses éléments le son qui lui parvient et de reproduire ces éléments au moyen de l'écriture, travail d'intelligence, que les copies, quelque variété qu'on apporte dans les exercices, sont loin d'égaler.* Mais qu'on ne vienne pas, à des enfants de huit à neuf ans, comme cela se pratique encore quelquefois, jeter dans une dictée de ces grands mots : *torpeur de la nature, miroitement de l'espérance,* etc. Restons simples, si nous voulons être compris.

L'ancienne école de pédagogie abusait singulièrement des conjugaisons écrites : on a même inventé des cahiers préparés d'avance pour ce genre d'intéressants exercices ! Certes, il y a dans l'espèce quelque chose à faire ; mais rendons les conjugaisons intelligentes, dit excellemment M. Berger ; *que les élèves construisent de petites phrases variées sur chaque personne du verbe,* par exemple, et les conjugaisons perdront ce caractère routinier qui entrave tout progrès.

Autant on en pourrait dire de l'analyse grammaticale et de l'analyse logique. *Laissons ces classifications interminables, ces exceptions puériles ; laissons surtout ces longues analyses écrites pour lesquelles l'élève perd un temps précieux.* Faisons plutôt des analyses orales, ou du moins remplaçons ces longueurs par des signes conventionnels et des abréviations. Une troisième forme d'analyse qui présente une grande

utilité, *c'est l'analyse lexicologique, ou décomposition des mots en leurs éléments : racine, préfixe, suffixe.* Restreinte à de simples notions et bien conduite, elle ne présente pas d'inconvénient et facilite beaucoup la connaissance de la langue.

Affranchissons aussi l'enseignement de ces règles mécaniques, — de ces recettes grammaticales, qu'on nous passe le mot, — qui ne disent rien à l'intelligence et qui conduisent souvent à un résultat erroné.

Ainsi, dans ces vers :

> « Tout vous est aquilon,
> « Tout me semble zéphyr... »

l'élève appliquant la règle mécanique, arrivera à ce beau résultat de prendre aquilon et zéphyr pour des compléments directs.

Faisons la part plus large à l'intelligence et que la mémoire ne joue qu'un rôle secondaire dans notre enseignement.

De petites phrases renfermant, par exemple, un sujet, un verbe, un attribut, ou un complément, composées par les élèves sur un mot donné ; une rédaction après le récit du maître ; la traduction en prose d'un morceau de poésie, fable ou autre, initieront les jeunes enfants à la pratique de la langue.

L'enseignement grammatical proprement dit ne devra être donné qu'aux deux premiers cours, et encore ne devra-t-il comprendre pour le second cours que les règles générales et les notions indispensables.

Dégageons cet enseignement des exceptions multiples, des remarques oiseuses qui rebutent l'enfant et que les règles essentielles soient déduites d'exemples bien choisis, et se gravent dans la mémoire de l'enfant par de nombreuses applications.

RÉSUMÉ

I. — Enseignement oral de la langue. — Formation du vocabulaire. — Leçons de choses.

II. — Choix d'un bon livre de lecture.

III. — Suppression de l'enseignement grammatical dans les derniers cours. — Exercices variés : petites phrases, rédactions, groupement de mots par familles, etc.

IV. — Emploi de la grammaire pour le cours supérieur seulement, ou éléments très simples pour le second cours.

V. — Enseignement grammatical dégagé de ces exceptions puériles, de ces remarques multiples qui rebutent l'enfant.

VI. — Rédactions, narrations proprement dites.

M. Berger ne retrouverait assurément pas, dans ce résumé, ce talent d'exposition, cette précision du langage, cette logique du raisonnement qui nous ont tous charmés avant de nous convaincre ; heureux s'il y pouvait voir seulement, esquissé à grands traits, l'esprit de sa méthode si rationnelle et si féconde !

III. CONFÉRENCE

**sur l'Enseignement de l'histoire, faite à la Sorbonne,
le 21 Août 1878, par M. Brouard.**

L'enseignement de l'histoire est devenu obligatoire dans les écoles primaires, par suite de la loi du 10 Avril 1867 : innovation dont les récents malheurs de la patrie n'ont que trop fait ressortir la nécessité.

En effet, un rôle considérable revient à l'histoire dans l'éducation nationale. N'est-ce pas elle qui doit cultiver le patriotisme dans les cœurs ? Ce sentiment existe chez l'homme à l'état d'instinct, mais il est susceptible de culture, et il faut l'éclairer par l'étude et le raisonnement.

Aimer la France parce que c'est un beau pays, que la vie y est agréable, n'est pas assurément du patriotisme ; mais connaître l'œuvre de nos pères et l'aimer ; être fiers de leurs succès, humiliés de leurs revers ; honorer pieusement les mémoires illustres ; méditer sur les grands exemples pour les suivre, sur les fautes pour les éviter : tel est le vrai patriotisme, et ce doit être l'une des grandes joies du maître de l'enseigner à ses élèves.

Pour répandre l'enseignement historique et communiquer aux enfants cet ardent amour de la patrie, l'instituteur doit, en dehors du cours proprement dit, s'appliquer à saisir toutes les occasions : *lectures graduées mettant en relief les grandes époques de notre histoire nationale et commentées par le maître ; dictées, narrations développant un dévouement héroïque, un haut fait d'armes, une habile administration, etc.*

L'enseignement de la langue donnant ainsi la main à l'enseignement historique permettra de le rendre moins sommaire, et procurera une sérieuse économie de temps.

Cours complet d'histoire, d'usune année, pour toutes les divisions.

L'instituteur doit à l'avance se tracer un programme et diviser son cours en un certain nombre de leçons, de telle sorte qu'il puisse donner un récit historique complet à toutes les divisions de la classe dans une année scolaire.

Préparation éloignée du cours.

Dans la préparation éloignée de son cours, l'instituteur s'appliquera à saisir l'enchaînement des faits historiques, à en dégager les enseignements ; il réfléchira au parti qu'il peut tirer de ces faits multiples pour exciter chez ses élèves l'amour du beau, du grand, du généreux.

Préparation immédiate.

Dans la préparation immédiate, il ne laissera rien à l'imprévu : il donnera, dans un tableau clair et substantiel, l'ensemble des événements historiques qui se rapportent à la leçon à exposer.

Inconvénients qui résultent du manque de préparation.

Quel que soit le mérite d'un instituteur, en effet, s'il n'a pas, à l'avance, réfléchi à la leçon qu'il doit donner, il voit bientôt l'attention des élèves lui échapper ; il parle à côté de son sujet ; il oublie des circonstances importantes pour entrer dans des développements inutiles ; le souffle, l'inspiration font défaut, et l'enseignement moral qui découle de telle action généreuse, de tel dévouement héroïque, est laissé dans l'ombre.

L'enseignement de l'histoire doit être donné même aux enfants de la division inférieure. La leçon orale du maître résumée de vive voix ou par écrit par les élèves : voilà évidemment tout ce que peut comporter cet enseignement élémentaire.

Leçons orales.

Mais que de ressources l'on peut tirer de la leçon orale ! Commenter les faits historiques qui se sont accomplis sur notre vieux sol de France : initier la jeunesse aux travaux des générations qui nous ont précédés dans la carrière de la vie ; faire ressortir la

— 61 —

vénération qui s'attache aux noms des héros ; stigmatiser l'infamie des traîtres à la patrie ; imprimer dans tous les cœurs l'amour du grand, du généreux : est-il mission plus féconde, plus patriotique ?

Les plus jeunes enfants même s'intéressent à la leçon d'histoire ; et rien de plus charmant que de les entendre raconter au bon grand père, dans leur style naïf, les anecdotes historiques, dont le maître a su à propos égayer ses récits.

Ce n'est pas qu'il faille proscrire le livre. Non, certes ; les publications des Lavisse, des Pigeonneau, ont contribué puissamment à vulgariser l'enseignement de l'histoire.

Raconter simplement les faits en termes assez clairs pour ne déconcerter aucune intelligence ; négliger le détail pour éviter la fatigue et la confusion ; mettre en relief les grands faits ; en marquer l'enchaînement de telle façon que l'esprit de l'enfant avance comme sur une route aplanie, à travers le cours des siècles : tel est le but que ces auteurs se sont proposé et qu'ils ont presque toujours atteint. Ajoutons que des cartes rendent sensibles les changements qu'a subis la géographie politique de notre pays, et que des gravures et des récits frappent l'imagination de l'enfant, en représentant les principaux personnages et les principales scènes de l'histoire.

Mais le livre, quelque bien ordonné qu'il soit, dit M. Brouard, ne peut remplacer l'enseignement du maître. Il doit rester le canevas de la leçon, et celle-ci en être le commentaire.

L'enseignement historique a suivi trop souvent des errements fâcheux : le maître se perdait dans des détails intimes, s'étendait démesurément sur certaines périodes et la fin de l'année scolaire arrivait avant... la fin de l'histoire des Mérovingiens ; et cela pour recommencer à suivre la même routine et arriver au même point les années suivantes. Heureux les élèves qui arrivaient jusqu'à Charlemagne ! dit excellemment M. Brouard ; privilégiés ceux qui avaient entendu parler des Croisades ! introuvables des enfants qui connussent les grandes scènes de l'histoire contemporaine !

Il faut que le cours complet se termine avec l'année scolaire, et cela dans toutes les divisions de la classe. On arrive facilement à ce résultat en fractionnant le programme d'histoire en autant de parties que l'on peut donner de leçons dans l'année scolaire.

La leçon commune simplifiera beaucoup les choses ; le maître peut donner à chaque groupe l'enseignement qu'il comporte : *au cours élémentaire, grands faits historiques, grandes époques seulement ; au cours intermédiaire, développement, enchaînement des faits ; au cours supérieur, développements plus complets, jugements, morale qui se dégage des événements.*

Enfin, ne perdons pas de vue que la géographie doit frayer le chemin à l'histoire ; chaque lieu qui rappelle un souvenir historique devra être mis en lumière, car on l'a dit avec raison : « *La chronologie et la géographie sont les yeux de l'histoire.* »

RÉSUMÉ

I. — Faire concourir l'enseignement du français à l'enseignement de l'histoire au moyen de dictées, de lectures, de devoirs, de rédactions, etc.

II. — Leçons orales du maître, communes aux trois divisions et précédant toujours la leçon extraite du livre. — Récits, anecdotes, enseignements qui se dégagent des faits. — Exciter de nobles, de généreux sentiments.

*III. — Cours complet dans l'année scolaire et appro-
prié à chacune des divisions de la classe.*

*IV. — Rédactions, comptes-rendus, résumés faits par
les élèves.*

Nous ne pouvons mieux terminer qu'en empruntant les
paroles de M. Brouard, notre éminent conférencier :
« Aimer son pays, être fiers de ses gloires, humiliés
de ses revers, vénérer ses héros, détester ses traîtres :
tels sont les sentiments qui doivent se dégager de
l'enseignement historique et faire battre le cœur de
tous les Français. »

IV. CONFÉRENCE

sur l'organisation des Bibliothèques et des Conférences pédagogiques, faite le 23 Août 1878, à la Sorbonne, par M. Jost.

Un jeune homme sortant de l'Ecole normale est, en général, plein de zèle, d'activité, de dévouement. Ses efforts, pour être couronnés de succès, n'ont besoin que d'une bonne direction. Ce jeune homme, en effet, n'a pas encore une grande expérience de la vie : les conseils dévoués d'un maître sont nécessaires pour guider cette activité un peu fiévreuse.

L'instituteur fera donc bien, à époques fixes, de réunir ses adjoints et de leur donner, dans une conférence toute familière, les conseils que lui dictera l'expérience. Cette communauté d'idées, cette unité de direction, favoriseront évidemment les succès de l'école et permettront aux adjoints d'apprendre pratiquement à surmonter les difficultés de leur profession.

Rien n'est stérile comme l'isolement : un maître livré complétement à lui-même verrait bientôt ses procédés d'enseignement, excellents fussent-ils, cesser de répondre aux exigences des temps ; et comme ces peuples de l'Orient, confinés dans leur routine séculaire et rebelles à l'innovation, il resterait honteusement en arrière dans cette large voie du progrès ouverte à toutes les intelligences.

M. Jost nous fait un tableau attrayant des conférences pédagogiques : quels ne sont pas, au contraire, dit-il, les avantages de la fréquentation, de l'échange des idées ?

Les procédés rationnels d'enseignement, les innovations heureuses, les moyens d'émulation, les modes de discipline, etc., etc., tel est le vaste programme qui peut être soumis à la libre discussion des membres de l'enseignement, dans les conférences pédagogiques.

La vieille expérience des maîtres, le zèle ardent des débutants, leurs nouveaux procédés d'enseignement, trouveraient un terrain commun, un champ d'expériences dans des conférences périodiques, tenues au chef-lieu de canton, par exemple, lesquelles d'ailleurs contribueraient puissamment à resserrer les liens de la bonne confraternité.

L'idée de ces conférences n'est pas nouvelle ; elles existent depuis longtemps déjà dans un certain nombre de départements.

Dans la Moselle et les deux départements du Rhin, (M. Jost parle de ces malheureuses provinces avec une émotion que tout son auditoire partage) ces conférences cantonales étaient très suivies. L'inspecteur primaire présidait ces réunions qui se tenaient périodiquement à chacun des chefs-lieux de canton de sa circonscription. Un sujet pédagogique, — question de méthode, de discipline, etc., — était à l'avance donné à développer à tous les instituteurs du canton.

Les travaux des instituteurs, soumis au préalable à l'inspecteur, étaient l'objet d'une discussion publique, et formaient la matière de la conférence ; un rapport d'ensemble était rédigé, puis distribué aux membres du corps enseignant.

Nombre de questions ont ainsi reçu une solution satisfaisante.

Souvent aussi, un maître était appelé à donner une leçon modèle sur telle ou telle branche de l'enseignement.

Enfin une bibliothèque pédagogique avait été fondée avec le produit des cotisations des instituteurs.

Dans le même ordre d'idées, certaines écoles normales réunissaient, à l'époque des vacances, les anciens instituteurs, et des professeurs dévoués les initiaient aux nouveaux procédés d'enseignement : mesure excellente et qui a rendu d'incontestables services.

Ce mouvement remarquable subit cependant un temps d'arrêt. Mais en 1871, les malheurs de la patrie provoquèrent le réveil de l'enseignement, et un certain nombre de départements : le Rhône, les Ardennes, l'Aube, Seine-et-Oise, etc., virent renaître ces conférences qui étaient quelque peu tombées en désuétude.

Du reste, ces conférences sont aussi en honneur à l'étranger. En Belgique, il existe des réunions analogues et les maîtres s'y montrent très assidus. En Suisse, outre la pédagogie proprement dite, les instituteurs élaborent eux-mêmes, en conférence, les projets de lois concernant l'enseignement, et souvent ces projets sont adoptés par les Chambres fédérales.

Les avantages de ces réunions pédagogiques sont assez évidents ; il serait oiseux d'insister davantage.

Bientôt, espérons-le, chaque canton aura sa conférence pédagogique et sa bibliothèque d'enseignement.

Voici, d'après [M. Jost, les statuts d'organisation de la conférence cantonale :

L'inspecteur primaire est le président-né de la conférence ;

Les instituteurs élisent $\begin{cases} \textit{1 vice-président} \\ \textit{et} \\ \textit{2 secrétaires.} \end{cases}$

Une question est proposée un ou deux mois à l'avance par l'inspecteur président.

Le travail de chaque instituteur du canton est envoyé à l'inspecteur.

A la conférence, un rapporteur est élu et après discussion sur les travaux des instituteurs, il rédige un

*rapport général dont les conclusions adoptées sont dis-
tribuées aux membres du corps enseignant de la région.*

Evidemment cette organisation modèle n'est pas
absolue. Les lieux, les usages peuvent exiger des
modifications plus ou moins profondes.

*La bibliothèque pédagogique, complément des confé-
rences, pourra être établie soit au moyen des dons des
particuliers ou de l'Etat, soit à l'aide des cotisations
des instituteurs. Elle sera bien pauvre, sans doute; mais
peu à peu les vides se combleront et bientôt chaque
instituteur pourra y trouver matière à études sérieuses.*

Pour terminer, nous dirons, empruntant les paroles de
M. Jost, notre éminent conférencier : « Il est impossible que ce mutuel concours, cet échange de vues,
ces discussions éclairées ne fassent pas progresser
toutes les branches de l'enseignement populaire. »

Il aurait fallu un interprète habile pour rendre,
avec leurs nuances délicates, toutes ces idées neuves,
pratiques, fécondes, que nos sympathiques et éminents
conférenciers se sont plu à répandre sur toutes les
matières de l'enseignement.

Nous nous féliciterions si nous avions pu seulement,
dans ce résumé rapide, donner une idée de ces procédés
aussi simples que rationnels, dans lesquels la routine le
cède toujours à la raison, et qui sont le propre de la
nouvelle école pédagogique.

Cerisy-Belle-Etoile, le 15 Septembre 1878.

A. — Appréciation du travail qui précède par M. Cunc, Inspecteur d'Académie, à Alençon.

« La Commission instituée par M. le Ministre de l'Instruction
« publique pour apprécier et récompenser les rapports adressés,
« à la suite de leur voyage d'étude, par les instituteurs délégués à

« l'Exposition universelle, a décerné une lettre d'encouragement à
« M. Lepetit, instituteur à Cerisy-Belle-Etoile, délégué pour le canton
« de Flers.

« Ce mémoire avait été classé par nous au premier rang des
« quatorze qui nous avaient été adressés, avec l'appréciation sui-
« vante :

« Cet instituteur divise son travail en deux parties. La première
« est consacrée au compte-rendu de ses visites à l'Exposition ; la
« seconde, au compte-rendu des conférences auxquelles il a assisté·

« Dans la première partie, passant successivement en revue les
« expositions scolaires des pays étrangers d'abord et de la France
« ensuite, il signale ce qui, dans chacune d'elles, est procédé
« nouveau, ingénieux, d'une utile application. Il s'arrête, notamment,
« à l'examen des devoirs d'écoliers et relève, en suivant un ordre
« méthodique, ce qui intéresse chaque partie de l'enseignement. —
« Le résumé des conférences est fait avec intelligence.

« Le travail de M. Lepetit dénote un esprit attentif, ouvert aux
« idées de progrès, désireux de les appliquer. Cet instituteur est au
« premier rang parmi ceux qui auront tiré profit de leur voyage à
« l'Exposition. Son rapport est rédigé avec soin et clarté. Des indi-
« cations marginales servent de point de repère, et les passages
« soulignés dans le courant du rapport mettent en vue ce qui a
« surtout fixé l'attention de l'auteur. » (Extrait du *Bulletin de l'Ins-
« truction Primaire du département de l'Orne*. Tome IX. N° 5. Mai 1879.)

B. — Lettre de félicitation de M. le Préfet de l'Orne, au nom de M. le Ministre de l'Instruction publique.

« Alençon, le 16 Juin 1879,

« Monsieur l'instituteur, votre rapport a fait l'objet d'une men-
« tion particulière de la part de la commission chargée d'examiner
« les mémoires présentés à l'occasion de leur visite à l'Exposition
« universelle par les instituteurs primaires. — M. le Ministre de
« l'Instruction publique me charge de vous transmettre en son nom
« ses félicitations. — Je suis heureux, Monsieur, d'être en cette
« occasion l'interprète de M. le Ministre et de joindre mes félicita-
« tions aux siennes pour la distinction que vous a méritée votre
travail. — Agréez, etc.

« *Le Préfet de l'Orne,*

« Signé : De FERRON.

« M. Lepetit, instituteur à Cerisy-Belle-Étoile. »

II.

CONGRÈS

PÉDAGOGIQUE

Tenu à Paris en 1881

DÉPARTEMENT DE L'ORNE

RÉSOLUTIONS

Votées par la Conférence départementale

RAPPORT

du Délégué départemental

CONGRÈS PÉDAGOGIQUE

Tenu a Paris, en 1881

ACADÉMIE DE CAEN — DÉPARTEMENT DE L'ORNE

RÉSOLUTIONS

Votées dans la Conférence départementale du 31 Mars 1881.

1re QUESTION

Des moyens d'assurer la fréquentation scolaire.

Première résolution. La conférence départementale émet le vœu que l'instruction primaire soit gratuite et obligatoire ;

Deuxième résolution. Que des écoles de hameau soient créées dans les centres importants trop éloignés de l'école principale ;

Troisième résolution. Qu'une caisse des écoles, alimentée par les subventions de l'Etat, du département et de la commune et les dons des particuliers, soit établie dans chaque localité, afin que des secours en aliments, vêtements, fournitures classiques, puissent être distribués aux élèves nécessiteux ;

Quatrième résolution. Que les Conseils généraux et les Conseils municipaux votent les fonds nécessaires pour que des récompenses (livrets de la caisse d'épargne, livres de prix, etc.), soient décernées aux élèves classés dans les premiers rangs aux examens du certificat d'études ;

Cinquième résolution. Qu'il y ait deux certificats d'études : l'un élémentaire, comprenant les matières obligatoires du programme et correspondant à l'enseignement primaire proprement dit ; l'autre supérieur, comprenant en outre des matières facultatives, et correspondant à l'enseignement primaire supérieur ;

Que la possession du certificat d'études entre en ligne de compte pour l'obtention des grades inférieurs dans l'armée, et qu'à égalité de titres elle détermine le choix.

Sixième résolution. Que l'enseignement revête une forme attrayante ; qu'il réponde aux nécessités de la vie pratique.

Septième résolution. Que sans s'écarter des grandes lignes du programme, il s'accommode aux besoins des localités.

2me QUESTION

De l'enseignement et de l'éducation dans la dernière classe de la division élémentaire ou petite classe.

Première résolution. La conférence départementale émet le vœu que dans les écoles spéciales aux garçons et dans les écoles mixtes dirigées par un instituteur, la femme, la mère, la sœur ou la fille du titulaire puisse être chargée de l'enseignement d'une partie des matières dans la dernière division ;

Qu'une rémunération convenable lui soit accordée ;

Qu'aucun diplôme ne soit exigé d'elle, du moment qu'elle remplace un moniteur ;

Deuxième résolution. Qu'une bibliothèque et un musée scolaires soient fondés dans chaque école ;

Troisième résolution. Que des écoles enfantines soient créées dans les communes importantes ;

Quatrième résolution. Qu'un traitement suffisant soit assuré à l'instituteur, de sorte qu'il puisse se consacrer exclusivement à ses fonctions ;

Que les procédés de la salle d'asile soient appliqués dans la petite classe ;

Que la monotonie des exercices soit rompue par des marches, chants, récréations, leçons de choses, etc. ;

Que l'enseignement revète une forme intuitive ;

Que l'instituteur saisisse toutes les occasions de louer le patriotisme ;

Que tous les efforts du maître tendent à faire connaître et aimer la France.

Congrès Pédagogique de 1881

RAPPORT

de l'Instituteur délégué par la Conférence départementale.

Au début de ce modeste travail, qu'il nous soit permis d'exprimer notre vive et respectueuse gratitude à M. le Ministre de l'Instruction publique, dont la féconde initiative a réalisé tant de fructueuses réformes, créé de si heureuses innovations, et donné à l'enseignement primaire ce mouvement, ce souffle qui lui faisait défaut, et sans lequel les efforts les plus généreux sont frappés de stérilité.

La réunion du Congrès pédagogique est un nouveau gage de la sollicitude de M. le Ministre pour l'enseignement populaire. En conviant ainsi les instituteurs de toutes les régions de la France à échanger leurs idées, à discuter librement, en les mettant aux prises avec les difficultés de leur profession, afin qu'ils les résolvent avec le concours de tous, M. le Ministre répond à un réel besoin. Chaque instituteur aura peu à donner, beaucoup à recevoir ; l'expérience de chacun deviendra le domaine de tous, et cette communauté des efforts, cet échange de vues ne pourront que contribuer à faire avancer l'enseignement populaire dans cette large voie du progrès, en laquelle l'on ne peut s'arrêter sans déchoir.

1re QUESTION

Moyens d'assurer la fréquentation scolaire

Nécessité de l'assiduité aux exercices scolaires. —
L'instruction et l'éducation des enfants constituent une
science complexe, toute d'observation et d'expérience.
Les enfants sont légers et mobiles : les impressions
s'effacent aussi rapidement en eux qu'elles s'y produisent. Aussi l'édifice de l'éducation ne s'élève-t-il
pas dans un jour : chaque leçon y apporte sa pierre,
et le moindre progrès est acheté au prix de longs
et patients efforts.

La fréquentation de la classe est la condition *sine
quâ non* du succès des élèves.

*Causes principales de l'irrégularité de la fréquen-
tation.* — Les causes de l'irrégularité .de la fréquentation scolaire peuvent être ramenées à trois chefs
principaux : 1e le peu d'attrait, l'aversion même que
l'enfant éprouve pour l'école dont les exercices ne
répondent pas à ses goûts et à son âge ; 2° l'indifférence, l'incurie de certains parents, en ce qui concerne
l'instruction de leurs enfants ; 3° l'indigence des familles.

VOIE DE LA PERSUASION

*1° Moyen de combattre l'aversion que certains élèves
éprouvent pour l'école.* — Lorsque le petit enfant
franchit pour la première fois le seuil de la classe,
il se trouve tout désorienté au milieu de ce petit
peuple remuant, de tous ces visages inconnus qui
le regardent curieusement. Une parole bienveillante,
un mot aimable, un sourire, en voilà assez de la part
du maître pour établir un courant de sympathie pour
gagner le cœur de l'enfant, en quête d'une nouvelle
affection qui remplace celle du foyer absent.

Quand l'instituteur aura trouvé le chemin du cœur de l'élève, il aura aplani une des difficultés de sa profession.

Tout d'abord l'extérieur frappera le petit enfant. Que l'école revête donc une forme aimable; que les murs soient ornés de gravures : tableaux Deyrolles, scènes enfantines, évènements historiques, etc.; que le mobilier scolaire soit toujours dans un état de propreté irréprochable; que l'ordre et le bon goût règnent aussi dans le jardin de l'instituteur. Il faut que l'enfant ne puisse faire aucune comparaison fâcheuse et que l'école lui apparaisse non comme un lieu sévère et austère, mais soit pour lui un aimable et gai séjour.

La fréquentation bonne ou mauvaise de la classe est, dans une certaine mesure, le fait du maitre. Ainsi dans telle école confiée à un instituteur médiocre, la fréquentation laisse beaucoup à désirer; telle autre école, dans les mêmes conditions de population, de temps et de lieux, mais dirigée par un maitre dévoué à ses fonctions et apte à les remplir, ne donne qu'un chiffre d'absences insignifiant. Les moyens de persuasion ont donc une efficacité certaine.

Pourquoi, trop souvent, l'enfant hait-il l'école ou du moins n'a-t-il aucun goût pour l'étude? C'est qu'on n'est pas descendu jusqu'au milieu où s'agite son activité, jusqu'au cercle restreint de ses idées. Mais, si l'enseignement du maitre revêt une forme intuitive; si, avant de faire appel à la mémoire, l'instituteur parle à l'intelligence; si, dans les exercices, il est fait une part à l'initiative des enfants, au besoin d'agir inhérent à la nature humaine, l'école perdra ce caractère routinier qui est fatal à l'enseignement; la répugnance que l'élève éprouve pour l'école sera vaincue; bien plus, il désirera fréquenter la classe et l'on verra diminuer les absences dans une grande proportion. Il faut que volontairement l'enfant abdique sa liberté par l'attrait même de l'école.

L'émulation, l'appât des récompenses : voilà encore de puissants moyens d'assurer la fréquentation scolaire.

Sans doute, l'idéal, en éducation, serait de faire appel au seul sentiment du devoir. Mais est-il bien réalisable ? Il faut prendre les enfants non pas tels que nous les voudrions voir, mais tels qu'ils sont. Du reste, l'émulation quand elle ne dépasse pas une certaine limite, est chose louable ; elle permet de stimuler les indifférents, et les occasions ne manquent pas au maître pour rappeler à la modestie les élèves qui seraient tentés de s'enorgueillir de leurs succès.

Dans ces derniers temps, on s'est ingénié à créer d'utiles récompenses : ces bons points-centimes dont l'accumulation produit un petit pécule que l'élève place à la caisse d'épargne ; ces bons points-images qui donnent une intéressante notice biographique sur les grands hommes de la patrie sont d'excellentes innovations. Ces bons points pourraient aussi fournir l'un des éléments du classement des élèves et déterminer l'attribution de ce que nous appellerions, si le mot n'était ici bien prétentieux, les prix d'excellence.

L'enfant verrait ainsi chaque jour la résultante de ses efforts ; il se rendrait facilement compte du trouble que l'irrégularité de la fréquentation apporte dans ses études, et il serait moins porté à déserter la classe sous de futiles prétextes.

L'institution du certificat d'études est encore une de ces heureuses mesures qui ne peuvent que contribuer à la diffusion de l'instruction. Ce modeste diplôme est devenu la sanction des études primaires. L'enfant s'imposera des efforts d'autant plus volontiers qu'il aura un idéal, qu'il apercevra un but à atteindre. A notre humble avis, ce n'est point un titre auquel puisse aspirer seulement l'élite de la classe ; l'examen pourrait être rendu accessible à tous les élèves qui auraient suivi avec fruit les exercices du cours supérieur.

Ne serait-il pas bon aussi que les Conseils généraux et les municipalités voulussent bien, par de modestes allocations, encourager une institution qui a déjà produit de si féconds résultats ?

A la possession du certificat d'études, pourrait s'attacher utilement une récompense, livret de la caisse d'épargne, ouvrage intéressant, etc.

Il y aurait peut-être encore d'autres mesures à prendre : par exemple, la possession du certificat d'études ne pourrait-elle pas entrer en ligne de compte pour l'obtention des grades inférieurs dans l'armée, et, à égalité de titres, déterminer le choix ? Il est bon de faire entrevoir à l'élève les secours que plus tard la patrie attendra de l'enfant devenu citoyen. Mais nous posons la question sans avoir la prétention de la résoudre.

Encore un point d'interrogation. Nous parlions tout à l'heure de l'élite de la classe ; ne pourrait-on point instituer, pour les élèves hors de pair qui la composent, un second certificat d'études qui comprendrait, outre les matières obligatoires du programme, des matières facultatives, et correspondrait à l'enseignement primaire complémentaire ou même à l'enseignement primaire supérieur ?

Si, par tous ces moyens, nous avons pu inspirer le goût du travail à l'enfant, si nous avons su le lui rendre agréable et facile, il est à croire que l'assiduité aux exercices scolaires laissera moins à désirer et que les succès répondront aux efforts communs du maître et des élèves.

2° Moyens de combattre l'indifférence des parents en matière d'instruction. — Il ne faut pas se le dissimuler, un certain nombre de parents ne comprennent pas encore leurs devoirs et l'obligation morale où ils sont de pourvoir à l'instruction et à l'éducation de leurs enfants.

Cela tient, selon nous, à deux causes principales : 1° ils n'ont point reçu une instruction suffisante, et par conséquent ne sont pas à même d'en apprécier les bienfaits ; 2°, on n'a pas su rendre pour leurs enfants l'étude fructueuse ; on ne s'est pas placé sur le terrain pratique des résultats.

C'est à l'instituteur qu'il appartient de montrer aux parents tout le préjudice qu'ils causent à leurs enfants, soit en ne les envoyant pas régulièrement en classe, soit en les retirant trop tôt de l'école. Au besoin, il n'hésitera pas à aller trouver les parents indifférents ; il montrera l'état d'infériorité où plus tard, dans la vie, leurs enfants se trouveront par rapport à leurs camarades qui auront reçu le bienfait de l'instruction ; il parlera discrètement des difficultés qu'eux-mêmes éprouvent sans doute à bien gérer leurs affaires et montrera l'instruction comme un moyen sûr de les vaincre.

Selon nous, ce n'est point pour le maître une démarche humiliante ; bien plus, le père de famille lui saura gré de l'intérêt qu'il porte à son enfant, et à défaut d'autre considération, elle suffira souvent pour amener une décision favorable aux intérêts de l'élève.

Si les parents sont apathiques, s'ils ne s'intéressent pas beaucoup aux progrès de leurs enfants, n'est-ce pas aussi, dans une certaine limite, le fait du maître ? C'est qu'il n'a pas assez de commerce avec les familles, qu'il ne les tient pas au courant des snccès des élèves, qu'il ne leur communique pas ses impressions. Le cahier de correspondances mensuelles, ou tout autre moyen d'information analogue, permettrait facilement de secouer cette torpeur, cette indifférence, et d'associer en quelque sorte les parents à l'instruction et à l'éducation de leurs enfants.

L'étude doit être attrayante et fructueuse, avons-nous dit. Ici, ces deux qualifications sont corrélatives. En effet, l'étude est d'autant plus fructueuse que l'enfant en sent l'attrait, et les progrès sont en raison même de l'attention qu'il y apporte sans contrainte. Elle doit être aussi féconde en applications pratiques. Si les parents constatent que leurs enfants peuvent rédiger convenablement un contrat, une lettre, une transaction ; qu'ils sont en état de reproduire par le dessin les objets qui les entourent ; qu'ils sont aptes à tenir la comptabilité du ménage, à évaluer promptement et sûrement les bénéfices et les pertes de la famille ; enfin, si les enfants sont amenés, dans les causeries familières, à parler avec quelque intérêt des grands faits de notre histoire nationale, ou à donner des détails géographiques sur la région ; s'ils savent chasser l'ennui du foyer par d'intéressantes lectures, les plus difficiles à convaincre seront cependant amenés à reconnaître, à moins d'un parti-pris évident, que les exercices scolaires répondent à un réel besoin.

VOIE LÉGALE OU DE COERCITION

3º Moyens de vaincre les obstacles opposés par le mauvais vouloir ou l'indigence des familles à la fréquentation régulière de l'école. — Cependant les moyens de persuasion ne pourraient rien contre le parti-pris, le mauvais vouloir de certains parents ; d'autre part, l'indigence des familles paralyserait souvent de généreux efforts : la loi doit donc intervenir. Est-il admissible, en effet, qu'il soit loisible au père de fa-

mille de laisser croupir ses enfants dans l'ignorance ?
La puissance paternelle est chose respectable, sans
doute, mais les intérêts sociaux le sont-ils moins ?
La société doit-elle rester désarmée en présence de
l'incurie de certains parents ? A-t-elle le droit de
condamner à l'ignorance et aux vices qui en sont
souvent la conséquence, les enfants dont les parents
ne comprennent pas leurs devoirs ?

Le législateur ne l'a pas pensé, et il a édicté, en
y mettant d'ailleurs les tempéraments nécessaires, l'o-
bligation où se trouvent les familles de pourvoir à
l'éducation et à l'instruction des enfants.

Qui veut la fin doit vouloir les moyens. Les parents pauvres ne peuvent pas payer la rétribution
scolaire et en outre la classification des élèves en pa-
yants et en gratuits aurait quelque chose d'humiliant
pour les familles. La gratuité absolue de l'instruction
primaire est la conséquence logique de l'obligation.
Sur les bancs de l'école, où riches et pauvres seront
confondus, les enfants apprendront pratiquement la
fraternité ; ils n'admettront plus qu'une seule supériorité : celle qui s'acquiert par le travail, la culture
intellectuelle et la pratique du devoir. Le principe de
l'obligation entraîne encore plusieurs conséquences.
Ainsi, des locaux scolaires bien installés, répondant
aux prescriptions de l'hygiène, seront mis à la disposition des familles ; la distance à parcourir par les
enfants ne sera pas trop considérable ; et pour arriver
à ce résultat, des écoles de hameau seront créées dans
les centres importants trop éloignés de l'école principale ; enfin la caisse des écoles, alimentée par les
subventions de l'Etat, du département et de la commune,
et la générosité des particuliers, procurera gratuitement aux enfants indigents des fournitures classiques,
des vêtements convenables et des rations d'aliments.

Une indemnité représentant le travail de l'enfant pourra même, dans les cas urgents, être allouée aux parents nécessiteux.

La liberté de conscience sera sauvegardée à l'école primaire ; des examens permettront aux élèves de quitter la classe dès qu'ils auront acquis un certain minimum de connaissances ; enfin, le père de famille aura la faculté de donner ou de faire donner chez lui l'instruction primaire à ses enfants, pourvu, toutefois, qu'il ne cherche pas à éluder la loi.

Toutes ces sages dispositions répondent d'avance aux objections et laissent à la famille toutes les libertés, sauf une seule : celle de laisser les enfants végéter dans une honteuse ignorance.

Telle est l'économie du projet de la loi que le Parlement élabore en ce moment et auquel tous les membres de la conférence départementale ont été heureux d'applaudir. Les intérêts majeurs de la société demandaient depuis longtemps cette mesure énergique qui, parallèlement aux moyens de persuasion, assurera enfin la régularité de la fréquentation scolaire, condition première du progrès des élèves.

2ᵉ QUESTION

De l'enseignement et de l'éducation dans la dernière classe de la division élémentaire ou petite classe.

1° De l'enseignement dans la petite classe. — Comment occuper utilement et constamment pendant six heures par jour les jeunes enfants qui fréquentent la petite classe ? Comment captiver ces jeunes intelligences, retenir et fixer ces esprits mobiles ? Tel est le problème.

L'enfant, à cet âge si tendre, est incapable d'une application soutenue ; il est ami du nouveau ; l'uniformité des travaux lui ferait prendre l'école en aversion. Les exercices seront donc courts et variés. Ici surtout, l'enseignement doit procéder par voie d'intuition. L'enfant ne saisit guère que ce qui tombe matériellement sous les sens ; ce n'est que plus tard, et par comparaison, que son intelligence s'ouvre au monde métaphysique.

Il faut que l'idée et le mot soient présentés simultanément à l'enfant si l'on veut que l'impression soit durable.

Les procédés de la salle d'asile seraient appliqués avantageusement dans la petite classe ; la monotonie des exercices pourrait être rompue par des marches, chants, récréations, leçons de choses, etc., et l'ennui, cette pierre d'achoppement de l'enseignement, serait ainsi évité.

Il faut se garder de rebuter l'enfant en le mettant trop tôt aux prises avec les difficultés, mais le conduire comme par la main d'un progrès à un autre ; lui ménager le plaisir de la surprise et la joie de la découverte.

Sans doute, l'instituteur seul peut remplir cette mission délicate ; mais, quel que soit son zèle, il ne peut diriger en même temps les exercices de toutes les divisions. De là, la nécessité de l'emploi des moniteurs à la direction et à la correction de certains exercices pour lesquels la présence du maître est moins nécessaire.

Les parents pourront concevoir des préventions contre cette institution, mais si l'instituteur récompense les moniteurs zélés, si cet emploi est accordé comme une marque d'estime et de confiance ; enfin, si le moniteur se sent surveillé par un maître toujours

prêt à donner la louange ou le blâme, il s'efforcera
de bien faire ; les progrès s'accentueront et les préjugés tomberont d'eux-mêmes.

Qu'il nous soit permis cependant d'émettre un vœu.
La division des tout petits enfants serait confiée, selon
nous, avec le plus grand avantage, à la femme ou à
la fille de l'instituteur. Ces douces attentions, cette bienveillance native, ce je ne sais quoi d'indéfinissable
qui caractérise la femme et la mère, auraient bien
vite gagné la sympathie des enfants, et la transition
serait moins brusque de la famille à l'école. Du reste,
il ne semblerait pas nécessaire d'exiger un diplôme,
du moment que l'emploi n'équivaudrait guère qu'à
celui d'un moniteur.

Une rémunération en rapport avec les services
rendus pourrait lui être allouée.

Dans les localités importantes, il serait mieux
encore, comme l'indique M. le Ministre dans une cir-
culaire récemment parue, de réunir en une classe
spéciale les tout jeunes enfants des deux écoles ; ces
classes enfantines feraient le trait d'union entre la
salle d'asile et la classe proprement dite.

Il nous semblerait désirable aussi que chaque classe
fût pourvue d'un petit musée scolaire. Les enfants
s'intéresseraient d'autant plus à ces modestes collections, que quelques-uns des éléments qui les composent auraient été recueillis par eux, dans les excursions champêtres et les promenades du jeudi.

Ces excursions ont une utilité incontestable ; d'abord,
elles peuvent être accordées comme récompenses et
servir ainsi à exciter une louable émulation ; elles
fournissent à l'instituteur l'occasion de donner d'utiles
leçons sur l'agriculture et les sciences naturelles, de
redresser certaines erreurs, de détruire de fâcheux
préjugés ; enfin, elles favorisent chez l'élève cet esprit

d'observation qui est la base d'un jugement sain et éclairé.

Passons maintenant en revue chacune des matières du programme et disons un mot des procédés d'enseignement qui, selon les membres de la conférence départementale, devraient prévaloir.

Lecture

Ce n'est pas ici le lieu d'engager une discussion sur la valeur des méthodes de lecture. Disons seulement que la meilleure méthode est celle qui, tout en permettant d'arriver promptement à la lecture courante, tient compte des nécessités de l'orthographe et lui fraye la voie.

Il serait bon au début de piquer la curiosité des enfants. Que l'instituteur lise une histoire bien intéressante, à la portée des élèves ; puis, quand il verra tous les yeux brillants de plaisir, il montrera la lecture comme le moyen de renouveler les douces et saines émotions qu'il leur a fait éprouver. On doit arriver promptement à la lecture courante par des exercices fréquents et bien gradués. Même au début, l'enseignement ne doit pas être machinal, et derrière le mot, le maître montrera l'idée.

Les livres de lecture seront intéressants, à la portée des enfants ; les vignettes feront le commentaire des textes et se prêteront à des leçons de choses.

Les enfants devront se rendre compte de la leçon et en donner un rapide résumé écrit ou oral.

Afin que la lecture perde la monotonie qui en enlève tout le charme, les élèves seront exercés de bonne heure à la récitation de petites poésies, qui leur feront prendre insensiblement le ton de la conversation.

Ecriture

Puisque la lecture et l'écriture ne sont au fond que le même art sous deux formes différentes, l'écriture sera enseignée parallèlement à la lecture et dès le début des enfants à l'école.

Les premiers essais se feront sur l'ardoise. Les cahiers réglés d'avance et sur lesquels les modèles sont lithographiés, simplifient la tâche du maître. Cependant, il serait bon de temps à autre, ne fût-ce que pour éveiller l'initiative des enfants, de les inviter à régler eux-mêmes leurs cahiers et à reproduire le modèle tracé au tableau noir. Voici comment nous concevons la leçon d'écriture : le maître reproduit au tableau noir le modèle lithographié, il explique la raison d'être de la réglure, des traits figurant la pente ou l'écartement des mots, puis, passant d'un élève à l'autre, il donne des conseils et rectifie les erreurs.

La tenue de la plume, la station régulière du corps, sont des points essentiels sur lesquels l'attention de l'instituteur ne saurait se porter avec trop de vigilance.

Enfin, les phrases employées comme modèle d'écriture ne doivent pas être prises à tout hasard, mais contenir un utile enseignement.

Orthographe et Grammaire

L'enseignement oral, la formation du vocabulaire doivent précéder l'enseignement écrit de la langue maternelle. L'instituteur, dans ses entretiens, devra s'ingénier à intéresser l'enfant, lui donner un rôle actif et le guider dans la recherche des expressions, dans l'usage de la langue dont il bégaye à peine les premiers mots.

L'enseignement de la grammaire sera dégagé de toute théorie abstraite. Les règles seront déduites d'exemples bien choisis et gravées dans l'esprit des enfants par de nombreuses applications. De petits exercices d'invention sur un mot donné, des résumés de la lecture du jour ou de la leçon de choses éveilleront l'initiative de l'élève et le mettront sur la voie du style.

Les dictées, bien choisies, soigneusement graduées, sont d'un puissant secours dans l'enseignement de la langue. En effet, l'enfant doit se préoccuper de décomposer en ses éléments le son qui lui parvient et de reproduire ces éléments au moyen de l'écriture, travail d'intelligence que les copies, — qu'il ne faut pas d'ailleurs proscrire, — ne peuvent remplacer.

Calcul et Système métrique

La méthode dite d'intuition sera fréquemment appliquée. La vue du boulier compteur, l'agencement et la combinaison des billes frappent l'esprit de l'enfant plus que ne peuvent le faire les meilleures définitions.

Les éléments du système métrique seront enseignés d'après le même procédé, au moyen du compendium métrique, ou tout au moins du tableau des poids et mesures. Le maître pourra aussi construire des solides en carton, figurant les différentes mesures. Les élèves doivent être exercés à se rendre compte des principales unités ; ils estiment d'abord approximativement, puis vérifient leurs évaluations. Ces petits exercices donnent du mouvement et de l'entrain à l'enseignement et excitent vivement l'attention des élèves.

Des problèmes empruntés aux choses de l'école, à l'industrie locale, à l'agriculture, même aux jeux de l'enfant, intéresseront les élèves et leur feront saisir le but de chaque opération.

Histoire de France

La leçon d'histoire sera donnée autant que possible sous la forme anecdotique. Les plus jeunes enfants même s'intéressent à la leçon d'histoire, et rien de plus charmant que de les entendre, de retour au foyer paternel, raconter au bon aïeul, dans leur langage naïf, les anecdotes dont le maître a su à propos égayer ses récits.

L'instituteur mettra en relief les belles actions, les exemples de patriotisme. L'idée de patrie sera cultivée, ennoblie.

Pourquoi taire les faits de l'histoire contemporaine ? Nos malheurs de 1870 seront exposés aux élèves, en même temps qu'on fera battre leur cœur au mot réconfortant d'espérance.

Géographie

Le plan de la classe servira d'introduction à l'étude de la géographie et permettra de donner des notions sur l'orientation. Les termes géographiques seraient, avec avantage, l'objet de leçons pratiques.

Les élèves pourraient construire eux-mêmes, dans la cour de récréation ou dans le jardin de l'école, un relief géographique figurant des montagnes, volcans, collines, défilés, caps, détroits, golfes, îles, presqu'îles, fleuves, rivières, ruisseaux, canaux, etc. Ces dénominations prendraient pour ainsi dire corps et se graveraient d'autant plus facilement dans l'esprit des enfants, qu'ils auraient eu la chose elle-même sous les yeux. L'étude des environs de la classe, celle de la commune intéresseront beaucoup les enfants ; ils essaieront d'en reconnaître tous les détails sur la carte.

Le globe terrestre présenté aux élèves redressera plus d'une erreur ; la loi de l'attraction peut leur être facilement démontrée ; alors l'existence des antipodes qui d'abord avait été rejetée par eux dans le domaine de l'impossible, sera facilement acceptée.

Enfin, la lecture des cartes et l'étude plus ou moins détaillée du département et de la France feront le complément de ce cours sommaire.

Dessin

Le dessin sera une utile et agréable diversion aux exercices scolaires. Les enfants pourront exécuter sur l'ardoise d'abord, plus tard sur des cahiers, de petits croquis des objets usuels d'après un modèle tracé au tableau noir, ou bien encore des combinaisons de lignes formant des figures géométriques. Ces petits exercices ont beaucoup d'attrait pour les élèves ; du reste, ils développent le goût et assouplissent la main.

Chant

La pratique du chant pourrait être introduite avec fruit à l'école primaire. Les mouvements d'entrée et de sortie se feraient en chantant de petits morceaux, à la portée des enfants, en attendant que plus tard des chœurs pussent être organisés. Le chant est un plaisir innocent qu'on ne saurait trop propager.

Gymnastique

La gymnastique bien enseignée est l'un des attraits de l'école primaire. On n'aura donc garde de la négliger dans la petite classe. Les plus petits enfants s'intéressent aux exercices. D'ailleurs, · elle favorise l'ordre et la discipline.

Leçons de choses

Ces intéressantes leçons ont une utilité incontestable. Elles peuvent varier à l'infini et le maître n'a qu'à se tenir en garde contre les entraînements de son sujet. Elles cultivent la mémoire, exercent le jugement et disciplinent l'imagination. Une foule de notions utiles sur l'agriculture, l'industrie, l'hygiène, les sciences naturelles, peuvent être données sous cette forme aimable.

2° De l'éducation dans la petite classe. — Il y aurait des volumes à écrire sur ce sujet. Les membres de la conférence ont dû se borner à discuter les directions générales qu'il conviendrait de suivre en éducation.

Faire en sorte que tous les enfants confiés aux soins de l'instituteur deviennent des hommes de cœur, des citoyens dévoués à leur pays ; les préparer à affronter le combat de la vie : tel est le but à atteindre.

Il n'y aura pas de cours de morale proprement dit à l'école primaire, mais l'instituteur saisira toutes les occasions qui s'offriront à lui, pour se faire éducateur. Il emploiera tour à tour la louange ou le blâme, les récompenses et les punitions ; quelquefois, une allusion dont les enfants apprécieront d'autant mieux la portée que le procédé aura été plus délicat, suffira pour les ramener dans la bonne voie.

Ne serait-il pas bon aussi, de temps à autre, d'emprunter le sujet des exercices, de la dictée, par exemple, à quelque incident arrivé en classe, sous les yeux des élèves, et de développer les conséquences qu'il entraîne ?

Toutes les facultés de l'homme fait sont en germe dans l'enfant. Il faut équilibrer toutes ces facultés et les faire concourir à cet harmonieux ensemble qui est l'idéal en éducation.

I. — Education physique

Le maître doit veiller à ce que l'école réponde, autant qu'il dépend de lui, aux prescriptions de l'hygiène ; elle sera dans un état constant de propreté ;

l'aération se pratiquera largement ; les murs seront de temps à autre lessivés ou blanchis à l'eau de chaux, et on devra laver à grande eau l'aire de la classe, afin de détruire les miasmes.

Les bancs-tables seront appropriés à la taille des élèves : la déviation de la colonne vertébrale n'a souvent d'autre cause que la disproportion de la taille de l'enfant aux dimensions du banc-table qu'on lui a assigné.

On ne saurait qu'approuver sans réserve l'inspection des Écoles primaires, au point de . vue hygiénique, par les hommes de l'art, qui seuls, dans certains cas, sont aptes à bien juger.

La sollicitude du maître s'étendra à chacun des enfants ; il montrera la nécessité de la propreté du corps et des vêtements.

Les élèves atteints de maladies transmissibles, contagieuses ou parasitaires, seront éloignés sans retard, et l'école sera licenciée dès l'apparition d'une épidémie sérieuse, ainsi que le prescrivent les instructions ministérielles. La gymnastique sera en honneur à l'école. On la présentera comme un moyen sûr de développer les forces, l'adresse, l'agilité et de rétablir l'équilibre dans l'organisme.

La correction du langage défectueux, bégayement, zézaiement, etc., incombe encore au maître ; il se montrera patient et encouragera les efforts.

II. — Education morale

Quel sera le rôle de l'éducateur en ce qui concerne les trois grands pouvoirs de l'âme : la sensibilité, la volonté et l'intelligence ?

1º PAR RAPPORT A LA SENSIBILITÉ. — Le rôle de l'instituteur sera de régler la sensibilité, de cultiver les sentiments du beau, du vrai et du bien, qui en sont, pour ainsi dire, les moteurs. Ces sentiments existent au plus intime de l'être. Le petit enfant lui-même se laissera émouvoir au récit des grandes actions de Jeanne d'Arc ; il comprendra combien fut grand l'héroïsme du chevalier d'Assas, car il a le sentiment du beau, du généreux.

L'homme aime naturellement le vrai et déteste le faux ; la découverte du vrai produit dans l'âme une jouissance très vive. Quelle n'est pas la joie d'un enfant qui a trouvé seul la solution d'une question, le nœud d'une difficulté ? En éducation, le sentiment du vrai est pour ainsi dire la pierre angulaire de l'édifice. Le mensonge choque le sentiment du vrai ; il est facile à l'éducateur de montrer que ce vice est toujours une action vile et une lâcheté.

Le sentiment du bien est aussi inné chez l'homme. La démarcation est nettement accusée entre le bien et le mal. La conscience est le Tribunal infaillible devant lequel il . faut souvent citer l'élève pris en faute. Le sentiment du devoir accompli, la conscience satisfaite sont des jouissances morales dont l'éducateur doit savoir tirer parti. On doit saisir avec empressement les occasions qui se présentent de louer le bien sous toutes les formes et de flétrir le mal dans ses diverses manifestations.

2⁰ PAR RAPPORT A LA VOLONTÉ. — La liberté morale ou libre arbitre qui rend les actes humains méritoires ou punissables, est souvent contrariée dans son exercice par l'influence de l'habitude.

De là, la nécessité pour l'instituteur de ne laisser contracter que de bonnes habitudes par les élèves confiés à ses soins et de détruire les mauvais germes qui pourraient déjà exister en eux.

Le maître fera l'éloge de l'énergie, du courage déployés pour une bonne cause ; il montrera que le succès est la récompense de la persévérance, de la continuité des efforts.

III. — Education Intellectuelle

3° PAR RAPPORT A L'INTELLIGENCE. — L'instituteur doit aussi cultiver les facultés intellectuelles de l'enfant : la mémoire, le jugement et l'imagination. La mémoire, cette faculté de l'âme par laquelle nous rendons présentes nos idées passées, est très susceptible de culture et de perfectionnement.

L'attention est le burin de la mémoire : on garde d'autant mieux un souvenir que l'attention a été plus grande. L'instituteur éveillera et excitera donc l'attention de l'élève par tous les moyens en son pouvoir.

La mémoire crée l'association des idées. Cette association se fait d'elle-même, et pourtant elle est soumise, jusqu'à un certain point, à l'influence de la volonté. En effet, le rôle de l'éducateur n'est-il pas de détruire les mauvaises associations d'idées qui constituent la routine, la superstition, les préjugés et d'en créer de bonnes, de rétablir les relations réelles entre les causes et les effets ?

L'instituteur pourra aussi et devra exercer cette autre faculté de l'esprit, qu'on appelle le jugement. Combien, en effet, d'appréciations erronées, de jugements portés à faux ? Il appartient à l'éducateur de redresser ces erreurs, en rétablissant dans leur réalité les termes de la comparaison. Le jugement est une qualité maîtresse qui conduit à la logique, à la saine appréciation des choses. La culture de cette faculté intellectuelle ne saurait donc être l'objet de trop de sollicitude.

L'imagination demande aussi à être sagement réglée dans son usage. L'enfant a l'imagination essentiellement reproductrice ; il a l'instinct imitateur. C'est une ressource précieuse pour le maître ; en effet, si son langage et son attitude sont toujours convenables ; si ses actes s'inspirent toujours de l'équité et de la justice, cette dignité de la conduite pèsera d'un grand poids sur les actes de ses élèves qui seront ainsi gagnés au devoir par la contagion de l'exemple.

L'instituteur devra aussi éveiller l'esprit d'initiative chez l'enfant. Cette imagination, qu'on peut appeler créatrice, se donnera très utilement carrière dans les exercices scolaires.

Ainsi dirigés, l'esprit et le cœur de l'enfant s'épanouiront comme un bouton de rose et les qualités que l'éducateur aura cultivées et développées se manifesteront au dehors sous les formes aimables de la politesse et du savoir-vivre.

Culture du patriotisme

Enfin l'instituteur a un devoir qu'il lui sera bien doux de remplir : celui de cultiver, de développer le patriotisme dans les cœurs de tous les enfants.

Faire aimer notre chère France, conduire les élèves à s'identifier en quelque sorte avec elle, les amener à souffrir de ses douleurs, à être fiers de ses gloires, et jeter au fond des âmes cette virile espérance, cette confiance dans les hautes destinées de la patrie qui, aux jours du péril, enflamment les courages et font les hommes invincibles : est-il mission plus noble et plus féconde ?

Cerisy-Belle-Etoile (Orne), le 15 Avril 1891.

L'instituteur délégué par la Conférence départementale :

E. LEPETIT.

ANNEXE

CONGRÈS PÉDAGOGIQUE DES INSTITUTEURS

SÉANCE PLÉNIÈRE DU 22 AVRIL 1881

Présidence de M. GRÉARD, vice-recteur de Paris.

RÉSOLUTIONS ADOPTÉES PAR LE CONGRÈS

1re QUESTION PROPOSÉE A L'ÉTUDE DU CONGRÈS

DES MOYENS d'ASSURER LA FRÉQUENTATION SCOLAIRE

I. MOYENS MATÉRIELS

Le Congrès demande que la Caisse des écoles soit une institution obligatoire pour chaque commune, et que les subventions accordées aux communes par le département et par l'Etat soient proportionnées à la fois aux besoins constatés et aux sacrifices consentis par elles ;

Que la gratuité des écoles soit absolue ;

Que les fournitures scolaires soient accordées gratuitement à tous les élèves, sans distinction ;

Que le chauffage et les soins journaliers d'appropriation des classes soient entièrement à la charge des communes ;

Qu'il soit créé des écoles dans tous les hameaux distants de trois kilomètres du chef-lieu municipal et pouvant fournir une population scolaire de 15 à 20 élèves ; que des écoles de section soient établies pour recevoir les enfants des hameaux de différentes communes, lorsque ces hameaux sont trop éloignés du chef-lieu ; que les écoles de hameaux soient indépendantes ; que les instituteurs et les institutrices aient le rang de titulaire et jouissent des mêmes avantages que les instituteurs et les institutrices de chefs-lieux ;

Que les écoles temporaires soient supprimées et remplacées par des écoles permanentes, et, au besoin, par des pensionnats primaires dans les régions d'accès difficile ;

Que les heures de classe et l'époque des vacances puissent être modifiées, suivant les nécessités locales, à la demande des autorités communales, d'accord avec l'inspecteur primaire ;

Que toute classe comptant plus de 40 élèves soit dédoublée, et que, dans toute école comptant trois classes, le directeur ne soit plus chargé d'une classe spéciale ;

Qu'il soit créé dans tous les départements un certain nombre d'emplois d'instituteurs suppléants pour remplacer les instituteurs empêchés par la maladie ;

Que les maisons d'école soient installées dans les meilleures conditions hygiéniques, pourvues de tout ce qui peut en faire aimer le séjour et rendre l'enseignement profitable, et que, dans toutes les questions de construction et d'appropriation relatives à leur école, les instituteurs soient consultés ;

Que les chemins qui conduisent à l'école soient maintenus en bon état d'entretien et, s'il y a lieu, qu'il en soit créé de nouveaux ; qu'il soit pourvu, par les soins de l'administration municipale, à l'entretien de la cour de l'école comme à celui des chemins qui y mènent;

Que des ateliers de travaux manuels soient annexés à toutes les écoles primaires supérieures, ainsi qu'aux écoles primaires élémentaires qui comportent cette installation ;

Que des ouvroirs soient organisés, dans les mêmes conditions, pour les écoles de filles, et que l'ouvroir soit dirigé par une maltresse pourvue du certificat pour l'enseignement de la coupe et de l'assemblage, dans toutes les écoles où cet enseignement pourra être créé.

Le Congrès demande qu'un service médical soit établi auprès de toutes les écoles.

II. — Moyens moraux et pédagogiques

Que tous les moyens soient pris pour rendre l'enseignement attrayant et pratique ;

Que les instituteurs soient soumis au droit commun en ce qui concerne le service militaire ;

Que les familles soient informées par des lettres d'avis des absences de leurs enfants, et qu'il soit créé un livret où l'instituteur consignera mensuellement les notes des élèves ;

Qu'il y ait annuellement une distribution de récompenses dont la forme sera réglée avec les autorités locales, d'accord avec les instituteurs ; que, pour l'attribution de ces récompenses, il soit tenu compte de l'assiduité des élèves, et que les noms des plus assidus y soient proclamés.

Le Congrès demande que des récompenses spéciales soient attachées à l'obtention du certificat d'études.

III. — Moyens légaux.

Que la loi sur l'obligation de l'enseignement primaire soit votée et appliquée dans le plus bref délai possible ;

Q'aucune catégorie d'enfants ne soit privée des bienfaits d'une instruction primaire complète, et, conséquemment, que la loi du 19 Mai 1874 sur le travail des enfants dans les manufactures soit abrogée, ou tout au moins que les certificats d'instruction élémentaire prescrits par cette loi soient délivrés après examen sérieux par une commission spéciale dont l'instituteur pourrait faire partie ;

Que le certificat d'études primaires élémentaires soit exigé par les administrations locales pour certains emplois salariés pour lesquels il n'y a pas d'examen spécial, ainsi que pour les concours d'admission aux écoles normales, professionnelles et primaires supérieures ;

Que la Caisse des écoles puisse continuer son assistance aux élèves admis dans les écoles primaires supérieures ; que l'élèves de ces écoles qui se seront le plus distingués puissent continuer leurs études aux frais de l'Etat ;

Que l'âge d'admission à l'examen du certificat d'études soit fixé à douze ans révolus au 1er octobre de l'année de l'examen ;

Qu'en Algérie, une indemnité mensuelle soit accordée au taleb pour tout élève arabe qu'il aura amené à l'école ;

Que l'enseignement religieux soit donné par le ministre des cultes en dehors des heures de classe.

IV. — Moyens accessoires

Le Congrès exprime le vœu que la profession d'instituteur soit améliorée et relevée par les moyens suivants :

1° Que l'instituteur ne dépende que de ses chefs universitaires et soit nommé par le recteur ;

2° Que, sans que ses ressources en soient diminuées, il soit déchargé des services accessoires qui le détournent de ses devoirs professionnels ;

3° Qu'il puisse obtenir de l'avancement sur place ;

4° Que la proportion des instituteurs de 1re classe soit portée au quart de l'effectif total ;

5° Que les veuves des instituteurs jouissent des mêmes avantages que les veuves des autres fonctionnaires ;

6° Que la réforme entreprise dans le régime des écoles normales soit poursuivie ;

7° Que des instituteurs communaux laïques élus par leurs collègues entrent au conseil départemental ;

8° Qu'un institututeur communal laïque, élu par ses collègues, fasse partie du Conseil supérieur de l'instruction publique ;

9° Que les institutrices soient appelées, au même titre que les instituteurs, dans toutes les réunions où se discutent les intérêts de l'enseignement primaire.

2ᵉ QUESTION PROPOSÉE A L'ÉTUDE DU CONGRÈS

DE L'ENSEIGNEMENT ET DE L'ÉDUCATION DANS LA DERNIÈRE CLASSE DE LA DIVISION ÉLÉMENTAIRE OU PETITE CLASSE

Le Congrès demande :

Que l'enseignement dans les petites classes ait un caractère éducatif ; que le programme des études dans ces petites classes embrasse les éléments de toutes les matières de l'enseignement primaire, réparties autant que possible sur un plan conforme à l'organisation pédagogique du département de la Seine ;

Que la mesure dans laquelle chacune des matières sera enseignée dans la division élémentaire soit laissée à l'appréciation de l'instituteur ;

Que l'enseignement y soit donné d'après la méthode intuitive, et que les leçons soient courtes, attrayantes, entremêlées de mouvements et de chants ;

Qu'il y ait unité de méthodes, entre les salles d'asile, les classes enfantines et les petites classes primaires, pour l'enseignement de la lecture, de l'écriture, du dessin et du calcul ;

Qu'il soit fait un cours spécial de leçons de choses ; mais qu'en même temps, les leçons de choses soient rattachées à toutes les matières de l'enseignement ;

Que le mode d'enseignement simultané soit appliqué autant que possible dans les petites classes ;

Que l'enseignement moral soit indépendant de l'enseignement confessionnel ; qu'il se rattache à toutes les leçons de la classe élémentaire, sans former un cours spécial ; que cet enseignement soit mis en harmonie avec les principes de la société moderne ;

Qu'il soit créé des écoles enfantines intermédiaires entre la salle d'asile et l'école primaire ; que ces écoles soient confiées à des institutrices pourvues du brevet simple ou du certificat d'aptitude à la direction des salles d'asile ; qu'elles soient rattachées à l'école de filles plutôt qu'à la salle d'asile, et s'il n'est pas possible de les rattacher à l'école de filles, qu'elles soient dans un local indépendant.

Que le chiffre de quarante élèves soit adopté comme maximum de l'effectif de la petite classe ;

Que les élèves de la petite classe soient séparés des autres, principalement pendant les récréations ;

Que la direction de la petite classe soit confiée à

une institutrice laïque, et de préférence à la femme, à la fille ou à la sœur de l'instituteur ; que, lorsqu'un instituteur adjoint en sera chargé, il reçoive un traitement supérieur à celui de ses collègues, après un stage attestant son aptitude ;

Que les élèves des écoles normales soient initiés à la direction des classes enfantines, et qu'une question spéciale relative à la direction de ces classes soit introduite dans le programme d'examen pour l'obtention du certificat d'aptitude pédagogique ;

Que le local soit spacieux, attrayant et orné ;

Que le mobilier soit approprié à l'âge des élèves, et qu'en particulier les sièges à dossier soient partout établis, qu'un type de mobilier scolaire soit installé au chef-lieu d'inspection primaire ;

Que la classe enfantine soit pourvue d'une petite boîte de pharmacie ;

Que l'établissement d'un musée scolaire soit rendu obligatoire dans toutes les écoles de France, d'Algérie et des colonies ; que ce musée, formé spécialement d'objets usuels, soit composé et entretenu de préférence par le maître, avec le concours des élèves ;

Que la discipline, dans la petite classe, soit plutôt préventive que répressive ;

Que, dans les communes de moins de 400 habitants ayant une école de garçons et une école de filles, ces deux écoles puissent être organisées de telle sorte que les plus jeunes enfants des deux sexes soient groupés dans l'une des deux sous la direction de l'institutrice.

III.

JARDIN

OU

RELIEF GÉOGRAPHIQUE

CRÉÉ EN 1882

à l'École des Garçons de Céaucé

(ORNE)

ENSEIGNEMENT INTUITIF

de la Géographie

JARDIN OU RELIEF GÉOGRAPHIQUE

CRÉÉ EN 1882

à l'école des garçons de Céaucé (Orne).

(L'enseignement intuitif de la Géographie.)

I. Sa création. — II. Sa description accompagnée d'une vue photographique d'ensemble. — III. Son usage. — Spécimen d'une leçon faite sur place aux élèves au moyen de ce relief.

I. — Création du Jardin ou relief géographique.

Dès nos débuts dans l'enseignement, nous avons été frappé de la difficulté que l'on éprouve à donner aux jeunes enfants une idée nette des termes géographiques et, par suite, de la stérilité des premiers efforts du maître.

Ces mots : affluent, confluent, détroit, isthme, cap, golfe, etc., ne signifient rien pour eux, et ces expressions ne prennent véritablement corps que lorsqu'ils ont vu la chose elle-même.

Voir la chose elle-même, dira-t-on, n'est-ce pas demander l'impossible ? Nous ne le pensons pas.

Déjà, depuis quelques années, les nouveaux textes-atlas sont franchement entrés dans cette voie : à côté de la définition aussi claire que possible, un dessin, quelquefois une vignette en couleur, figure la chose définie.

C'est déjà un progrès ; ces dessins parlent aux yeux des élèves ; mais, à notre avis, ce n'est pas encore assez : il faut, pour eux, quelque chose de matériel, de tangible.

Depuis la remarquable conférence de M. Levasseur sur l'enseignement de la géographie, que nous avons entendue en 1878, à la Sorbonne, et dans laquelle l'éminent conférencier conseilla l'emploi des moyens intuitifs, nous avions l'intention d'établir un relief ou jardin géographique, — notre ambition allait jusqu'à rêver un monde en miniature — qui représenterait tous les accidents géographiques, et dont la seule vue donnerait à l'enfant une idée nette, ineffaçable du terme à définir.

Nous avions commencé un travail, dans cet ordre d'idées, à Cerisy-Belle-Etoile, dans le canton de Flers, quand en 1882, nous fûmes appelé à diriger l'école de Céaucé.

Près de l'école, sur le bord de la route nationale de Caen à Angers, un petit coin de terrain (environ 75 mètres carrés) était inutilisé. Il nous parut parfaitement approprié à notre dessein : l'entreprise fut décidée.

Au début, nous étions très perplexe, car nous n'avions ni conseil, ni guide, ni modèle. Dans la crainte d'un échec, nous n'avions communiqué notre projet à quiconque, et nous dûmes faire le travail de nos propres deniers et sans subvention aucune.

Deux choses nous parurent nécessaires, et comme dominant le plan de l'ouvrage : un bassin figurant l'Océan et une éminence représentant une montagne, autour desquels viendraient se grouper les différentes choses à figurer.

Alors, secondé par nos adjoints, MM. Giboury, Mesnil et Chauvière, aidé par quelques élèves du cours supérieur, nous nous mîmes à la besogne avec courage et résolution. L'un se fit terrassier, creusant le bassin, dessinant des golfes, des presqu'îles, des caps, etc. ; un deuxième jeta les assises de la montagne qui s'éleva graduellement à côté du futur Océan dont, plus tard , les enfants ornèrent d'un fin gazon les rivages.

Ah ! cet Océan, il nous coûta bien des peines ! Nous nous étions figuré qu'une couche de glaise battue suffirait pour faire un bassin étanche. Il fallut renoncer à cette illusion. Voyant notre idée prendre corps, la sentant réalisable, malgré la dépense qu'il nous fallut faire, nous appelâmes un maçon pour de bon, qui, — quelques barriques de ciment aidant, — nous créa un bassin d'une surface de 10 mètres carrés et d'une capacité de 5.000 litres. Le brave homme, qui avait le culte de la ligne droite et de l'équerre, ne comprenait pas trop l'utilité de ces biais, de ces sinuosités, et il nous fallut le surveiller de près pour l'empêcher de faire quelque correction à ces lignes qui froissaient son amour de la symétrie.

Ce ne fut pas sans quelques tâtonnements, on le suppose aisément, que l'œuvre put être menée à bien.

Une idée en appelait une autre : ainsi, voulant figurer une source jaillissante, nous avons dissimulé dans les flancs de la montagne, vers son sommet, une futaille à parois épaisses ; un conduit métallique partant du récipient et débouchant dans l'île, nous donna, vu la différence de niveau, un jet d'eau... un geyser d'Islande, auquel il ne manque que... la puissance et l'élévation de la température.

Le côté pittoresque et décoratif ne fut pas négligé : aux angles du jardin, des plaques de tôle peintes représentèrent les drapeaux multicolores des nations étrangères ; un moulin à vent minuscule décora le versant de la montagne, et à l'opposé, une gracieuse cascade, alimentée par l'eau d'un deuxième récipient, caché comme le premier dans la montagne, faisait tourner la roue d'un autre moulin.

Enfin, après un labeur de près de trois mois, où chaque jour apportait une idée, une conception nouvelle, le 14 Juillet 1882, le Jardin géographique était inauguré !

Nous donnons ci-après, malgré le ton un peu dithyrambique du morceau, le compte-rendu que le *Journal de Domfront (Orne)* faisait dans son numéro du 23 Juillet 1882, de cette inauguration :

« ... La foule se portait, le soir, vers la mairie,
« dont les grandes lignes étaient dessinées par un
« cordon de lumières.

« Le Jardin géographique de l'école, récemment créé,
« attirait surtout les curieux. Des lampions dessinaient
« le contour de la *mer-miniature* et mettaient en relief
« les îles, presqu'îles, caps, golfes, détroits, etc. ; d'au-
« tres éclairaient la *montagne* et donnaient à l'ensem-
« ble un caractère original et fantastique : le *geyser*
« lançait sa gerbe d'eau minuscule, le *volcan* ses bouf-
« fées orgueilleuses, la *cascade* enflait son murmure
« et le *phare* projetait sa lumière sur les petits *navires*
« mollement balancés dans la *baie*.

« Enfin, le drapeau tricolore, placé au sommet de
« la montagne et dominant ceux des nations étran-
« gères, semblait les associer à la Fête de la Liberté. »

II. — Description détaillée du Jardin géographique.

SITUATION. — Le Jardin ou relief géographique, situé près de l'école, en bordure de la route nationale, a une surface de 75 mètres carrés ; des murs le protègent sans cependant en masquer la vue.

Océan ou Mer. — Un bassin, dont le fond et les parois sont enduits d'une couche de ciment, parfaitement étanche, d'une surface de 10 mètres carrés, d'une profondeur moyenne de 0ᵐ50 et d'une capacité de 5.000 litres, figure l'Océan. L'eau de la pompe de l'école est amenée dans ce bassin au moyen d'un dallage, ce qui permet au liquide de conserver toute sa limpidité. L'eau des pluies compense à peu près l'évaporation et le bassin, une fois rempli, reste constamment plein, sauf pendant les grandes chaleurs.

Une ouverture, fermée au moyen d'une vanne, pratiquée à la partie inférieure du bassin, donne issue aux eaux sales et permet de faire le nettoyage.

L'eau est suffisamment aérée, en raison de la surface étendue du bassin comparativement à sa profondeur, pour permettre aux poissons, carpes, truites, cyprins de la Chine, d'y vivre, sinon de s'y reproduire.

Ile. — Au centre de l'Océan, se trouve une île, dont les bords sont maçonnés et cimentés pour empêcher la fuite de l'eau. Un peu de verdure et quelques fleurs l'agrémentent.

Geyser. — Au milieu de l'île, un jet d'eau jaillit et figure les geysers d'Islande. Une futaille placée dans la montagne, vers son sommet, crée la différence de niveau ; un tuyau métallique amène l'eau à la surface de l'île. Une simple pression sur le robinet suffit, le récipient étant rempli, pour mettre le jet en activité.

Ilot. — Un rocher, enchâssé dans le ciment du fond du bassin et dont le sommet émerge à la surface de l'eau, forme un îlot, si on en compare la surface à celle de l'île.

Archipel. — La réunion de l'île et de l'îlot dans la même partie de l'Océan constitue un petit archipel.

Détroit. — L'espace compris entre l'île et l'îlot

crée un détroit suffisant pour permettre le passage aux petits bateaux du bassin.

Plage. — Insensiblement, sur une partie du littoral, le sol s'abaisse en pente douce jusqu'à l'Océan ; des coquillages, des galets recouvrent le sable fin du rivage : c'est la plage. Il n'y manque que des baigneurs... lilliputiens.

Falaises. — Plus loin, des rochers abrupts, — lisez des falaises, — garnis de lierres et de mousses, défendent l'approche de la mer.

Récifs. — Quelques rochers aigus, voisins des côtes, forment des récifs ou écueils.

Golfe. — La mer, pénétrant dans les terres, dessine un large golfe, séjour ordinaire des bateaux, en temps calme.

Baie. — Plus loin, un enfoncement moins considérable donne une petite baie.

Anse. — Le fond de la presqu'île, resserré, étroit, crée une anse.

Presqu'île. — Cette presqu'île, d'une assez grande étendue, fait face à l'île. Sa forme rappelle un peu l'Afrique.

Isthme. — Un isthme la rattache au continent. Nous n'avons pas voulu pousser l'imitation de l'Afrique jusqu'à figurer le canal de Suez, car notre presqu'île serait devenue une île.

Cap. — Un cap, ce n'est pas assurément le cap des Tourmentes, notre Océan étant très calme, — termine la presqu'île.

Port. — Une ville figurée par des morceaux de bois fichés en terre et peints en bleu (le bleu des toitures), avec ses rues, ses places, est bâtie sur le bord de la mer et donne l'illusion d'un port muni de ses quais. Des bateaux y restent en permanence.

Phare. — Le phare est placé à l'entrée du port : une colonne en bois tourné et peinte couleur brique, figure la tour ; elle est surmontée d'un fanal couronné par le drapeau tricolore. La lumière du phare se reflète dans l'eau et produit un effet agréable.

Sémaphore. — A droite du port, et faisant le pendant du phare, se trouve le sémaphore, avec ses signaux mobiles et son drapeau.

Plaine. — A gauche de l'Océan, s'étend la plaine, couverte d'un fin gazon.

Canal. — Un canal muni de vannes la divise et en permet l'irrigation.

Routes et Chemins. — Une large route, — route nationale, — part de la plaine et contourne la montagne en passant sur un pont jeté sur le fleuve.

Une route départementale conduit à la ville ; un chemin vicinal la relie au village, et un petit chemin rural aboutit au hameau.

Bourg, Village, Hameau. — Le bourg, le village et le hameau sont figurés, comme la ville, par des morceaux de bois peints et plantés en terre : le bourg, une agglomération déjà importante ; le village, maisons alignées, place publique ; le hameau, quelques habitations éparses.

Colline. — Plus loin, un monticule, avec quelque verdure à son pourtour, représente une colline.

Plateau. — A côté, un terrain élevé, mais plat, donne l'idée d'un plateau.

Lac. — Au pied de la montagne est un lac... qui n'est lac qu'en temps de pluie, car nous avons reculé devant la dépense qu'il aurait fallu faire pour créer un deuxième bassin étanche.

Fleuve. — Ce lac déverse ses eaux par un fleuve
— un torrent plutôt, puisqu'il n'est alimenté que par
les pluies — qui a son embouchure au port même.

Affluent, Confluent. — Entre la colline et le plateau — ce sont toujours les pluies qui le font couler —
un affluent du fleuve, qui a son confluent près de
l'embouchure.

Montagne, Cascade, Grotte, Base, Versant, Sommet,
Volcan. — Près de l'Océan, s'élève la montagne ou pic,
d'une hauteur de 3m50 environ.

Elle est hors de proportion avec l'étendue de l'Océan ;
mais il faut, avant tout, frapper l'intelligence des enfants : il est facile de leur faire remarquer ensuite
cette disproportion intentionnelle, dont l'évidence apparaît.

Des assises de pierres, disposées dans un désordre
calculé, ont formé l'ossature de la montagne. Les
mousses, les bruyères, la joubarde, ont bien vite rempli
les interstices et, aujourd'hui, elle n'est pas plus dé-
nudée qu'il ne convient. Elle présente même un cachet
de vétusté qui s'harmonise parfaitement avec l'ensemble.

A gauche, vers le milieu de l'éminence, un petit
moulin, surmonté d'une girouette, tourne ses ailes au
moindre vent.

A droite, une chute d'eau, une petite cascade murmure en tombant de roche en roche, aussi longtemps
que l'eau du récipient, caché dans les flancs de la
montagne, peut l'alimenter.

Au centre, une grotte est pratiquée dans les rochers.

La base, les versants, le sommet de la montagne
apparaissent et ressortent d'eux-mêmes.

Un tuyau de métal, dissimulé au sein du pic,
conduit la fumée et les étincelles du volcan au cra-
tère qui débouche près du sommet... quand on veut

bien faire du feu à la base de ce volcan peu terrible.

Tunnel, Chemin de fer. — La montagne est percée à sa base d'un tunnel. La voie ferrée part du port et disparaît bientôt par l'ouverture béante. Les signaux, les fils télégraphiques sont figurés à côté de la voie ; un train complet, locomotive, tender, wagons des trois classes, permet de donner une leçon de choses sur les chemins de fer.

Rivière, Rive droite, Rive gauche. — La cascade donne un filet d'eau — lisez une rivière — ce qui nous permet de définir pratiquement la rive droite et la rive gauche.

Lande. — Derrière la montagne, un coin de terrain caillouteux, rempli de ronces, de bruyères, donne l'idée exacte d'une lande.

Désert, Oasis. — Enfin, tout au fond, une plaine sableuse, nue, stérile, figure le désert, au milieu duquel apparaît une verte oasis.

Les drapeaux des diverses nations sont peints sur de petites plaques de tôle et figurent aux deux extrémités du jardin.

L'orientation du relief est donnée par les quatre lettres : N. S. E. O. disposées en croix et placées selon la méridienne du lieu.

N'oublions pas les bateaux à voiles et à vapeur, avec leurs agrès, qui flottent sur le bassin et permettent de donner d'utiles notions sur la marine et la navigation.

Des étiquettes peintes sur des plaques métalliques et fixées sur des tiges de bois, indiquent sur place chacun des termes géographiques que nous venons de passer en revue.

(Voir la reproduction photographique qui accompagne cette description.)

III. — Usage du Jardin géographique. — Spécimen d'une leçon faite sur place aux élèves au moyen de ce relief.

Des leçons, fructueuses croyons-nous, ont été données aux élèves du cours moyen et même du cours supérieur au moyen de ce relief : leçons sur les phares, les sémaphores, les ports, les canaux, les chemins de fer, la navigation, etc., etc.

Mais c'est surtout pour les débutants en géographie que le Jardin est d'un grand secours, d'une réelle utilité.

La leçon en plein air, en face du relief géographique est, comme on peut le croire, la bienvenue auprès des jeunes élèves. Aussi, le maître la présente-t-il comme une récompense.

C'est bien là une application du précepte : *instruire en amusant.*

Ainsi, voilà une division d'élèves de 7 à 8 ans en face du relief géographique. Accordons-leur quelques minutes pour donner carrière à leur joie ; laissons-les voir, regarder à leur aise ; puis, l'attention nécessaire obtenue, commençons la leçon.

LE MAITRE. — Mes enfants, ce bassin que vous avez sous les yeux représente en petit — oh ! bien en petit, — la mer immense, l'Océan sans bornes. Cependant, il suffira pour vous en donner une idée. Voyez, le mot *mer* est écrit au milieu du bassin. Montrez-le nous, Albert.

Albert. — Voici, Monsieur.

Le Maitre. — C'est entendu. Pour nous, ce bassin c'est la mer... moins ses flots agités et sa belle couleur bleue.

Qui, parmi vous, aperçoit une île ?

Plusieurs Elèves. — Moi, moi, Monsieur. Voilà l'île. (Epelant : i-l-e).

Le Maitre. — Bien ; dites-nous maintenant ce qu'est une île.

Albert. — Une île, c'est quelque chose où il y a de l'eau tout autour.

Le Maitre. — Oui, c'est à peu près cela ; mais ce n'est pas très bien dit ; disons mieux : une île, c'est une certaine étendue de terrain entourée d'eau de tous côtés. Albert, voulez-vous passer dans l'île.

Albert. — M'y voilà, Monsieur.

Le Maitre. — Savez-vous comment on appelle les habitants d'une île ?

Albert. — Non, Monsieur.

Le Maitre. — Ce sont des insulaires.

Albert, riant. — Je suis un insulaire !

Le Maitre. — A côté de vous, montrez une toute petite île.

Albert. — Voilà, Monsieur. C'est un îlot.

Le Maitre. — Oui. Ce rocher comparé à l'île n'est plus qu'un îlot, mot qui signifie petite île.

L'île et l'îlot réunis dans la même partie de l'Océan forment un archipel, mot dont la signification est réunion d'îles. Montrez-nous l'inscription archipel.

Albert. — Voici l'archipel.

Le Maitre. — Voyez-vous ce bateau que le vent

pousse et qui avance justement entre l'île et l'îlot. Il passe par le... Qui sait ?

Plusieurs Élèves. — Il passe par le détroit.

Le Maitre. — Oui, par le détroit. Un détroit, c'est donc un passage entre deux îles, une portion de mer resserrée entre deux terres. Répétez avec moi : un détroit est une portion de mer resserrée entre deux terres.

Mais, Albert, regagnez le... continent. On appelle continent une grande étendue de terre qu'on peut parcourir sans traverser la mer. Nous sommes sur le continent par rapport à vous. Rejoignez-nous.

Parlons maintenant des bords de la mer.

Mes enfants, vous voyez ce terrain couvert de sable fin et qui s'abaisse insensiblement jusqu'au niveau de la mer. Comme il serait commode d'aller y recueillir les beaux coquillages que vous regardez avec envie et les cailloux ronds, les galets comme on dit, qui s'y trouvent ! Comme il serait facile aussi de se baigner à cet endroit !... si l'eau était plus profonde et le bassin plus large. Ce lieu commode pour gagner la mer, c'est une... lisez donc.

Plusieurs Élèves. — Monsieur, c'est une plage.

Le Maitre. — Oui, c'est la plage. Plus loin, ces roches escarpées qui défendent l'entrée de la mer, ce sont des...

Quelques Élèves. — Des falaises.

Le Maitre. — Et ces rochers à fleur d'eau, contre lesquels la tempête pourrait jeter et briser nos bateaux ; comment les appelle-t-on ?

Quelques-uns. — Ce sont des récifs.

Le Maitre. — Léon, regardez cette terre entourée

d'eau de tous les côtés, excepté d'un seul. Dites-nous quel nom on lui donne.

Léon. — C'est une presqu'île, Monsieur.

Le Maitre. — Oui, c'est une presqu'île, un nom bien choisi ; comme vous le voyez, c'est presque une île. Si on coupait cette langue de terre qu'on appelle isthme — un nom difficile à écrire — et qui rattache la presqu'île au continent, elle deviendrait, quoi?...

Tous. — Une île.

Le Maitre. — Bien. Albert, dans la presqu'île, cette pointe de terre qui s'avance dans la mer et que les navires sont obligés de contourner, de doubler comme on dit encore, c'est...

Albert. — Monsieur, cette pointe de terre, c'est un cap.

Le Maitre. — Qui dira l'inverse d'un cap?... (embarras des élèves.)

Albert, après avoir réfléchi. — Tenez, Monsieur, voilà : l'inverse d'un cap, c'est un golfe ; ici, c'est la mer qui s'avance dans la terre.

Le Maitre. — Très bien. Voyez-vous un petit golfe ?

Albert. — Oui, Monsieur ; ici, c'est une baie, un petit golfe.

Le Maitre. — C'est bien. Et un golfe plus petit encore qu'une baie ? Cherchez avec attention, il existe aussi.

Albert. — Voilà, Monsieur : un très petit golfe c'es une anse.

Maitre. — Encore quelques minutes d'attention, mes enfants ; vous voyez là-bas de petits morceaux de bois, peints en bleu et plantés en terre sur le bord de la mer : ils figurent les maisons, les rues et les places d'une grande ville. Vous voyez à côté une petite baie ; un navire est attaché aux parois de la muraille, ou plus exactement, amarré au quai, comme disent les marins ; il est à l'abri de la tempête ; on pourrait commodément monter dans le bateau, en descendre, charger ou décharger des marchandises, etc. Il est dans le...

Tous. — Dans le port.

Le Maitre. — Oui, le navire est arrivé au port. Un port est donc une baie rendue, par le travail des hommes, propre à servir d'abri aux vaisseaux et qui permet l'embarquement et le débarquement.

A l'entrée du port, vous apercevez une haute tour, au sommet de laquelle est placée une grosse lanterne, un fanal. On l'allume pendant la nuit pour éclairer l'entrée du port ; on distingue sa lumière de très loin, c'est un...

Plusieurs Elèves. — C'est un phare.

Le Maitre. — Bien. Et en face, à l'entrée du port également, vous voyez un grand mât avec des signaux. Plus tard, quand vous saurez ce que c'est que la marée montante et la marée descendante, vous comprendrez mieux l'utilité du... sémaphore, c'est ainsi qu'on l'appelle. Disons seulement aujourd'hui qu'il sert à indiquer, par des signaux qu'on peut apercevoir de loin, la profondeur de l'eau dans le port, que les bassins du port sont libres ou encombrés, etc.

Remarquez encore la voie ferrée qui arrive jusque sur le bord du quai du port. C'est que les navires apportent une grande quantité de marchandises et de denrées de toute espèce, qu'il faut transporter du port dans l'intérieur du pays. C'est à cette nécessité que pourvoit le chemin de fer.

Mais la leçon est déjà longue. Remettons la suite à une autre fois.

Rappelez-vous bien, mes enfants, tous ces termes géographiques que nous avons expliqués aujourd'hui et que vous avez sous les yeux réellement figurés : mer, île, îlot, archipel, détroit, plage, falaises, récifs, presqu'île, isthme, cap, golfe, baie, anse, port, phare, sémaphore, et à la prochaine leçon vous nous donnerez les définitions de toutes ces choses.

Nous ne croyons pas devoir donner d'autres exemples. Ces leçons peuvent varier beaucoup dans leur forme, et nous ne prétendons pas avoir présenté la meilleure. Nous pensons avoir suffisamment fait ressortir les avantages de ces notions données ainsi sur place, en face de la réalité même.

Nous pouvons affirmer, après une expérience de six années, que cette initiation aux choses de la géographie, par ce procédé tout intuitif, est absolument fructueuse.

Céaucé (Orne), le 20 Décembre 1888.

Le Directeur de l'école,

E. LEPETIT.

Le travail qui précède, accompagné d'une vue photographique du relief, a été communiqué à la Société de Géographie de Paris.

Nous extrayons du compte-rendu de la séance tenue par cette Société, le 10 Mai 1889, inséré au Journal Officiel du 15 Mai, l'appréciation suivante :

Jardin Géographique. — C'est encore un peu de l'Exposition dont il s'agit, dans la communication suivante, puisque l'auteur a été admis à exposer son œuvre et d'autres travaux, comme collaborateur du ministère de l'instruction publique.

Nous avons annoncé dernièrement que l'instituteur de Céaucé (Orne), M. Lepetit, avait imaginé de créer pour l'enseignement, dans l'école communale de garçons qu'il dirige, un jardin ou relief géographique. Il communique aujourd'hui le mémoire où il a développé son idée. Il avait été, dit-il, dès ses débuts dans l'enseignement, frappé de la difficulté qu'on éprouve à donner aux jeunes enfants une idée nette des termes géographiques, et, par suite, de la stérilité des efforts du maître. Ces mots d'affluent, de confluent, d'isthme, de détroit, de cap, de golfe, etc., ne signifient rien pour leur entendement et ne prennent véritablement corps que si la chose elle-même devient visible à leurs yeux.

Aujourd'hui, dans les nouveaux atlas, on donne bien des dessins, quelquefois même des vignettes en couleur qui figurent la représentation de la chose définie ; mais ce n'est pas encore assez ; il faut quelque chose de plus matériel, quelque chose de tangible. De là, le relief même sur le terrain et la création, en 1882, du jardin imaginé par M. Lepetit, jardin dans lequel il a réuni tous les accidents géographiques dont il est nécessaire d'expliquer à de jeunes élèves les termes et la signification. Ajoutons que cette création ingénieuse, l'instituteur dont nous parlons l'a faite à ses frais.

MUSÉES SCOLAIRES

Créés en 1882, à l'École des garçons de Céaucé (Orne).

*I. Création des Musées. — II. Description détaillée.
III. Usage et emploi des objets des Musées.*

I. — CRÉATION DES MUSÉES SCOLAIRES

Lors de notre arrivée à Céaucé, comme directeur de l'école, les murs des classes, récemment construites, étaient dépourvus de toute décoration et de tout objet scolaire. Secondé par les maîtres-adjoints et les élèves qui se firent un plaisir de réunir des échantillons, nous couvrîmes peu à peu ces vastes surfaces d'objets variés ; il ne fut malheureusement pas possible, faute de ressources, d'acheter des vitrines.

Nous avons utilisé en partie les vacances de 1882 à réunir ces collections.

Aucune instruction verbale ou écrite ne nous ayant été donnée, nous avons tâtonné quelque peu avant de nous orienter ; aussi, nous ne prétendons pas présenter ces musées comme les modèles du genre ; mais tels quels, ils nous ont rendu dans la suite de grands services.

Nous n'avons sollicité de subvention ou d'encouragement de personne, dans l'incertitude où nous étions du succès de l'entreprise. Ces musées furent donc entièrement composés à nos frais. En y comprenant la création du jardin géographique et l'achat d'instruments de physique, nous avons dépensé aipsi une somme approximative de 400 francs. Plus tard, le Conseil municipal, mis en présence de l'œuvre, nous alloua, à titre d'indemnité, une somme de 300 francs, que nous reçumes avec d'autant plus de reconnaissance que nous ne l'avions pas sollicitée. Dans ces conditions, nous avons cédé les collections, les instruments et le relief géographique à l'école, et ils sont ainsi devenus propriété communale.

II. — DESCRIPTION DÉTAILLÉE

Le musée scolaire de la grande classe comprend neuf parties : physique, chimie, hygiène, agriculture, horticulture, industrie, zoologie, botanique, minéralogie.

A. Physique. — La collection comprend divers instruments : thermomètre centigrade, thermomètre maxima, thermomètre minima, baromètre, aréomètre de Gay-Lussac, machine électrique, bouteille de Leyde, pile, petit télégraphe Morse, aimant, boussole, loupe, lentille, microscope, lunette d'approche, disque aux sept couleurs, diapason, etc.

B. Chimie. — Cette section comprend une lampe à alcool, des tubes de verre, éprouvettes, ballons de verre ; des ingrédients chimiques : acide azotique, acide sulfurique, acide chlorhydrique, acide acétique ; des sels : sulfate de fer, sulfate de cuivre, sulfate de zinc ; — minimum, mercure, alcool, bioxyde de manganèse, chlorate de potasse, acide oxalique, protoxyde de plomb, acétate de plomb, carbonate de magnésie, etc.

C. Hygiène. — Principaux objets composant la collection : charpie, amadou ; désinfectants : acide phénique, sulfate de fer, camphre, éther, orge perlé, orge mondé, tilleul, thé, opium, pierre infernale (nitrate d'argent), sulfate de quinine, teinture d'iode, moutarde, phosphate de chaux, etc.

Echantillons d'étoffes hygiéniques ; plantes médicinales extraites d'un herbier.

D. Agriculture. — Principaux échantillons : Engrais : guano, poudrette, noir animal ; amendements : chaux, glaise, silice, marne ; purin, terre de bruyère, etc. Gravures avec notices concernant les instruments agricoles ; échantillons de céréales, de graines, de plantes fourragères ; pailles diverses ; gravures représentant les animaux-types des principales races d'animaux domestiques, etc.

E. Horticulture. — Calendrier du jardinier : travaux à faire chaque mois au jardin. — Maximes de jardinage. — Proverbes. — Arbrisseau : différentes parties. — Nomenclature des principaux fruits, des principales fleurs. — Représentation réelle des principales greffes, de la marcotte. — Gravures : formes à donner aux arbres fruitiers, principaux légumes, animaux utiles, animaux nuisibles. — Echantillons de graines, etc.

F. Industrie. — Echantillons de tissus, d'étoffes, rubans, poteries, faïences, porcelaines, verres, cristaux, (fragments) ; cuirs et peaux, clous et menues ferrures ; agrafes, crochets, boutons, ressorts d'horlogerie, papiers, épices, denrées d'épicerie, etc., etc. Travaux manuels des élèves.

G. Botanique. — Coupes de bois. — Echantillons des bois de la contrée (arbres et arbrisseaux). — Herbier. — Plantes vénéneuses, plantes médicinales, etc.

H. Zoologie. — Petite collection d'œufs ; plumes ; coquilles, dents ; produits animaux : crins, soie, poils, nacre, etc. ; collection d'insectes (insectes nuisibles, insectes utiles) ; fossiles ; gravures : squelettes, appareil de la circulation, de la digestion, sens ; auimaux-types de la classification zoologique, etc.

I. Minéralogie. — Principales terres de la contrée. — Echantillons des minéraux et des pierres de la région, etc.

Une collection d'instruments d'arpentage : équerre, chaîne, niveau d'eau, mire, graphomètre, forme une annexe du musée.

Nous avons dessiné au plafond de la grande classe la voûte céleste avec les principales constellations. Des cartes de la commune, du canton, du département, de la France, et un tableau pour l'enseignement de la musique ont été dessinés sur les murs de la classe soit par les maîtres, soit par les élèves.

De petits musées scolaires analogues, mais dans une mesure plus restreinte, ont été établis également de Mai à Juillet 1882 dans la deuxième et la troisième classe, par MM. Giboury et Mesnil, attachés à l'école à cette époque comme maîtres-adjoints. Enfin, des tableaux d'histoire naturelle, par M. Deyrolles, complètent ces collections.

III. — USAGE ET EMPLOI DES OBJETS DES MUSÉES

En physique, le baromètre et les thermomètres minima et maxima ont permis aux élèves de faire de petites observations météorologiques, qu'ils ont résumées, sous forme de diagrammes (ligne du zéro, plus haute, plus basse température, etc.) sur leurs cahiers de devoirs mensuels.

Les élèves ont pu recevoir dés notions élémen-taires sur l'électricité, et les expériences auxquelles ils ont assisté, ont gravé ces éléments dans leur esprit ; ils ont saisi le fonctionnement du télégraphe ; le microscope, bien que peu puissant, leur a révélé des merveilles qu'ils ne soupçonnaient pas.

En chimie, ils ont assisté à d'instructives expériences : préparation de l'oxygène, de l'azote, de l'hydrogène, du gaz de l'éclairage ; effets des acides puissants, etc.

Le musée d'hygiène nous a permis de faire connaître aux élèves les propriétés de nombre de plantes qui croissent dans la contrée et les principaux remèdes préventifs à employer dans certaines circonstances ; ils ont apprécié *de visu* les effets des désinfectants.

La population de Céaucé est essentiellement agricole ; cependant la routine y a trop d'adeptes encore, bien que les progrès soient réels depuis quelques années. La sélection des semences, le choix d'instruments perfectionnés nous ont fourni la matière de leçons que nous osons croire fructueuses ; les dessins empruntés au musée nous étaient du plus grand secours dans nos démonstrations.

En horticulture, les spécimens de greffes, la marcotte, les diverses parties d'un arbrisseau, figurations mises sous les yeux des élèves, les ont vivement intéressés, en attendant que, plus tard, dans le jardin de l'école, ils appliquent les notions reçues.

C'est surtout dans les leçons de lecture que le musée d'industrie rend des services. Les échantillons mis sous les yeux des élèves gravent dans leur mémoire le texte de la lecture et les explications du maître.

Les spécimens du musée de zoologie font le commentaire vivant des leçons de l'instituteur : dessins circulant de main en main, objets provenant du règne animal. La collection d'insectes nous a permis de faire remarquer aux élèves les espèces utiles qu'il faut protéger et distinguer, les espèces nuisibles qu'on doit détruire.

En botanique, les enfants ont appris à reconnaître pratiquement l'âge d'un arbre par les cercles concentriques de la coupe transversale ; dans quelques promenades scolaires, nous leur avons fait connaître les plantes les plus intéressantes ; et ce sont eux qui nous ont fourni les divers échantillons des bois du pays qu'ils ont ainsi été appelés à connaître.

En minéralogie, les élèves ont reconnu les diverses terres, les pierres les plus remarquables, les espèces dominantes dans la contrée.

Les instruments d'arpentage nous ont permis quelques travaux pratiques sur le terrain, dans les promenades scolaires : arpentage, levé de plans, hauteur d'un arbre, différence de niveau de deux points du sol, etc. Quelques devoirs de ce genre figurent sur le cahier de devoirs mensuels des élèves.

Les élèves du cours supérieur connaissent, au moyen de la carte céleste de leur classe, quelques constellations et savent s'orienter sur le ciel étoilé.

Enfin, ils ont été familiarisés, dès leur plus jeune âge, avec les termes de géographie au moyen du relief géographique.

Tels sont, dans leur ensemble et sommairement, les avantages que les élèves ont retiré et retirent des musées installés à l'école.

Céaucé, le 17 Décembre 1888.

Le Directeur de l'école,

E. LEPETIT.

IV.

CONFÉRENCES PÉDAGOGIQUES

CANTONALES

CANTON DE DOMFRONT (Orne)

MÉMOIRES

présentés par le Directeur de l'école communale de CÉAUCÉ

CONFÉRENCES PÉDAGOGIQUES

CANTON DE DOMFRONT (ORNE)

ÉCOLE COMMUNALE DE CÉAUCÉ

CONFÉRENCE PÉDAGOGIQUE

du 3 Mai 1886

SUJET : *Des leçons communes aux trois cours ; leurs avantages et leurs inconvénients. — Exemple d'une leçon commune.*

Nous éprouvons, pour traiter le sujet de la présente conférence, un certain embarras que nous n'essayerons pas de dissimuler. D'un côté, l'idée de la leçon commune aux trois cours a quelque chose qui nous séduit par sa simplicité même ; mais nous apercevons tout de suite les difficultés, si nous passons à l'application.

L'instituteur professant une leçon à tous ses élèves à la fois, aux petits, aux moyens et aux grands, aux intelligences d'élite comme aux esprits obtus, aux débutants de l'alphabet et aux candidats au certificat d'études ! L'entreprise paraît bien difficile, sinon impossible. Les petits enfants bâilleront ; les grands élèves qualifieront la leçon de rabâchage. Tout cela est vrai, relativement du moins.

Et cependant, nous n'irons pas jusqu'à dire qu'il faut proscrire absolument la leçon commune.

Comment l'instituteur chargé de 50 ou 60 élèves, appartenant aux trois cours, pourra-t-il, dans les limites étroites de six heures de classe, trouver le temps nécessaire pour enseiguer les matières si diverses du programme ? Et combien de matières demandent, pour être fructueusement enseignées, la parole du maître lui-même, à l'exclusion des moniteurs, si intelligents soient-ils !

On dira sans doute que la leçon commune est un expédient, un moyen de gagner — lire perdre — du temps. Admettons-le pour un instant.

Tous les maîtres qui ont la pratique de l'enseignement savent qu'il est quelquefois difficile de captiver l'attention d'une seule division d'élèves. Qui se flatterait d'avoir été suivi et compris jusqu'au bout, sans exception aucune, par son petit auditoire si léger, si mobile ? A plus forte raison doit-on le dire d'une classe entière. Et combien cela est-il plus vrai encore lorsqu'il s'agit d'une école composée d'élèves si divers, d'enfants de tous les âges, 6, 8, 10 ou 12 ans !

Arago, l'illustre astronome, ne se piquait pas d'être compris de tous ses élèves — des polytechniciens pourtant — dans les leçons qu'il leur faisait avec un incomparable talent d'exposition. « Quand je vois, disait-« il, un élève dont l'œil terne et la physionomie « insignifiante ne dénotent pas une grande intelli-« gence, c'est à lui que je m'adresse dans mon cours ; « si je parviens à allumer ce regard incolore, à ani-« mer ce visage dolent, je suis tranquille alors, ma « leçon a été comprise des autres élèves : c'est mon « thermomètre. »

On conviendra sans peine que la distance est grande

d'Arago à un instituteur primaire et des élèves de l'école polytechnique aux enfants de nos écoles.

Arago doutait de lui-même et demeurait parfois incompris, et nous serions surpris si quelques-uns de nos élèves restaient en chemin ! Faisons passer seulement le gros du bataillon, — le plus qu'il nous sera possible sans doute, — nos patientes répétitions auront peu à peu raison des retardataires.

Les objections ne manquent donc pas à la théorie des leçons communes aux trois cours.

J'ajouterai encore que les programmes officiels des matières à enseigner sont particuliers à chaque cours et ne se prêtent pas facilement à un exposé en commun. Ces programmes pourraient se compléter de cours en cours en suivant une marche parallèle ; il n'en est rien, chaque cours a son cadre et ses procédés spéciaux d'enseignement.

La collection des livres classiques est naturellement conçue dans cet esprit et les ouvrages les plus employés dans nos écoles sont divisés en cours élémentaire, cours moyen et cours supérieur, conformément aux programmes, de sorte qu'ils constituent encore un obstacle sérieux aux leçons en commun.

Malgré tout cela, nous estimons qu'il y a lieu, dans l'enseignement de certaines matières, de faire des leçons communes aux trois cours.

Sans dire avec Jacotot que « tout est dans tout » et que « tous les enfants ont une intelligence égale » ; sans vouloir commencer l'édifice de l'instruction et de l'éducation de l'enfant par le faîte, nous prétendons — au risque de passer pour soutenir un paradoxe — qu'on peut avec profit présenter simultanément certaines leçons aux trois cours de l'école primaire, malgré toutes les différences d'âge, d'instruction et d'intelligence des élèves.

Sans doute, ce n'est pas sous cette forme qu'il conviendrait de présenter la syntaxe du participe passé ni la théorie des fractions ordinaires; — le gros du bataillon ne passerait pas assurément, — en général, tout ce qui est abstrait, tout ce qui ne peut revêtir une forme plus ou moins tangible, s'accommoderait mal du procédé. Mais pourquoi ne l'emploierait-on pas dans l'enseignement de certaines périodes de l'histoire nationale, de la morale et des sciences physiques et naturelles, pour ne citer que ces exemples ?

Le succès dépend en grande partie, selon nous, des moyens employés : la forme anecdotique, quand le sujet s'y prête, intéresse les tout jeunes enfants ; les expériences faites sous les yeux des élèves exercent leur intelligence et des interrogations amenées à propos empêchent l'intérêt de languir et l'attention de se fatiguer.

Une préparation sérieuse de la leçon est ici absolument nécessaire. Que dirons-nous aux petits ? Quel profit les élèves du cours supérieur retireront-ils de la leçon ? Comment se rendre accessible à tous et à chacun, sans trop de fatigue pour les uns, sans ennui pour les autres ? toutes questions que le maître doit se poser au préalable.

Prenons un exemple ; essayons de faire une leçon commune aux trois cours sur ce sujet un peu élevé en apparence : la pesanteur et la gravitation universelle. Pour simplifier les choses, nous prendrons la forme dialoguée et le maître causera familièrement avec Henri (du cours supérieur), Paul (du cours moyen) et Louis (du cours inférieur).

Le Maitre. — Mes enfants, je veux commencer la leçon aujourd'hui par une histoire. Ecoutez : il y a deux siècles de cela, par un beau soir, dans le domaine qu'il tenait de son père, un jeune homme de 23 ans méditait, silencieux. Une pomme vint à tomber devant lui. Ce fait si simple, qui aurait passé inaperçu pour tout autre, frappe et captive son attention. En ce moment, la lune était visible dans le ciel. Il se met à réfléchir sur ce singulier pouvoir qui sollicite les corps vers la terre. Il se demande naïvement pourquoi la lune ne tombe pas comme la pomme, et à force d'y penser, il finit par faire une des plus belles découvertes dont puisse s'enorgueillir l'esprit humain. C'est ce savant qui, le premier, a expliqué les lois qui règlent les mouvements des astres. Rappelez-vous le nom de ce grand génie : c'est l'anglais Newton.

Maintenant, essayons de vous faire comprendre ces belles lois qui régissent la mécanique céleste.

Voyons, Henri ; vous le savez, la terre est ronde comme une boule ; on en fait facilement le tour ; aujourd'hui un voyage autour du monde offre moins de périls et s'effectue en moins de temps qu'autrefois un simple voyage de Paris à Moscou. Eh bien ! vous êtes-vous demandé qui soutient la terre et comment elle ne tombe pas dans l'espace ?

Henri. — Non, Monsieur. Je sais seulement que les anciens Grecs croyaient que la terre était portée par quatre éléphants qui, à leur tour, s'appuyaient sur le dos d'une immense tortue plongée dans la mer. — Voilà la fiction ; mais la réalité, je l'ignore, et je serais bien heureux de la connaître.

Le Maître. — Vous savez aussi que, la terre étant ronde, il y a des habitants qui, par rapport à nous, sont pieds à pieds, la tête en bas. Comment ne tombent-ils pas ? Répondez-nous, Paul.

Paul. — Il faut bien sans doute que ce soit la terre qui les attire et les retienne, sans cela ils s'envoleraient vers les nuages.

Le Maitre. — Bien ; vous êtes sur la voie. Tenez, voici un globe : les corps tombent ici de haut en bas ; là, au point opposé, de bas en haut ; à cet autre point de gauche à droite, et en face de droite à gauche.

On peut donc dire que tomber c'est se diriger vers le centre de la terre.

Énonçons à présent la loi de l'attraction universelle découverte par Newton : « La matière attire la matière en raison directe des masses et en raison inverse du carré de la distance. »

Expliquons-nous : plus un corps est pesant, plus il attire fortement les autres corps ; mais cette force d'attraction devient quatre fois plus petite, par exemple, quand la distance qui sépare les masses devient deux fois plus grande.

Tirons les conséquences de ces lois. Louis, pourquoi la pomme de Newton tomba-t-elle sur la terre ? Pourquoi, si vous abandonnez un objet à lui-même, va-t-il heurter le sol ?

Louis. — Monsieur, c'est sans doute parce que cet objet est moins pesant que la terre ; ne pouvant l'attirer à lui, il va à elle.

Le Maitre. — Bien, mon enfant.

Henri. — S'il en est ainsi, Monsieur, comment la terre ne va-t-elle pas se jeter dans le soleil, qui est beaucoup plus pesant qu'elle ?

Le Maitre. — Voilà une bonne question. J'ai vu l'autre jour votre grand frère Georges, qui est très fort, faire tourner au-dessus de sa tête un seau plein d'eau, sans qu'il en tombât une seule goutte. Mais un mauvais plaisant lui arrêta le bras au moment où le vase était tout en haut, et votre frère reçut l'averse sur les épaules.

Ce fait va nous donner l'explication que vous demandez. Le mouvement tournant ou de rotation engendre une force, — la force centrifuge, — qui tend à écarter le corps du centre de la révolution et neutralise la force d'attraction.

La terre tourne autour du soleil comme le vase tournait autour du bras de votre frère ; c'est ce mouvement de rotation ou de translation qui permet à notre planète de se soutenir dans l'espace ; l'attraction exercée par le soleil est combattue par la force centrifuge développée. Mais qu'elle s'arrête un seul instant dans sa marche, elle serait aussitôt précipitée sur le soleil.

HENRI. — Et le soleil, qui le maintient dans l'espace?

LE MAITRE. — J'attendais encore cette question-là. Jean et Pierre, prenez Jules chacun par un bras et tirez dans un sens différent. Bon ; cela suffit. Vous le voyez, Jules n'a pas bougé de place, car les efforts que vous avez faits l'un et l'autre se sont neutralisés.

Il en est de même du soleil ; s'il attire notre terre et les autres planètes, Vénus, Mars, Jupiter, etc., réciproquement, et dans des directions opposées, ces planètes attirent aussi l'astre du jour qui reste ainsi dans un équilibre parfait.

Il en est de même de tous les corps célestes, et cette admirable loi de l'attraction ou gravitation universelle coordonne les mouvements des astres sans qu'aucun choc soit jamais à redouter.

Je veux, pour finir cette leçon déjà longue, vous faire saisir un des autres côtés de la question. Louis, qu'est-ce que le poids d'un corps ?

LOUIS. — Monsieur, c'est ce qu'il pèse.

LE MAITRE. — Sans doute, mais vous répondez à la façon de la Palisse. Le poids d'un corps, c'est l'effort qu'il faut faire pour l'empêcher de tomber. C'est l'attraction, et l'attraction seule qui fait le poids des corps. Que l'attraction soit plus ou moins forte, le même corps deviendra plus ou moins pesant. Vous le savez, la terre n'est pas parfaitement ronde ; elle est renflée à l'équateur et aplatie aux pôles.

Henri, dites-moi, je vous prie, où les corps pèsent-ils le moins ?

HENRI. — Monsieur, c'est sans doute à l'équateur, parce que le centre d'attraction, — qui est le centre de la terre, — est plus éloigné de la surface du sol, et l'attraction s'exerce en raison inverse du carré de la distance. Mais, Monsieur, comment a-t-on pu s'assurer que le même corps était plus léger à l'équateur que partout ailleurs ? Ce n'est pas en le pesant, j'imagine, car le même effet se ferait sentir sur les poids.

LE MAITRE. — Non, mon ami, c'est l'observation de la vitesse avec laquelle les corps tombent et des balancements ou oscillations du pendule qui a permis de constater le fait.

Sachez donc que le poids des corps est intimement lié à l'intensité avec laquelle agit l'attraction ou pesanteur. Ainsi, un poids de 100 kilogrammes transporté sur la planète Mars ne pèserait plus que 37 kilogrammes ; vous y seriez, vous, mes enfants, lestes et agiles comme des papillons ; au contraire, sur la planète Jupiter, vous auriez un poids énorme et seriez pour ainsi dire cloués au sol.

Mais nous nous arrêterons là aujourd'hui afin de ne pas surcharger votre mémoire. Nous remettons à la prochaine leçon la suite des intéressants phénomènes qui reconnaissent pour cause la force d'attraction.

Nous n'avons pas, certes, la prétention de proposer cette leçon comme un modèle du genre. Nous avons voulu simplement mettre en pratique les procédés qu'il convient de suivre, selon nous, quand il s'agit d'exposer une leçon à des élèves d'instruction et d'âge différents.

CONFÉRENCE PÉDAGOGIQUE

Du 22 Avril 1887.

SUJET : LA DICTÉE DANS LES TROIS COURS DE L'ÉCOLE PRIMAIRE

I. But et importance de cet exercice. — II. Place qu'il doit occuper dans l'emploi du temps. — III. Choix des textes à dicter. — IV. Correction : procédés à employer pour que la dictée soit aussi fructueuse que possible. — V. De l'épreuve d'orthographe aux examens du certificat d'études primaires.

La dictée dans les trois cours de l'école primaire.

Depuis de longues années et avec raison, la dictée est de tradition à l'école primaire : on en a fait la pierre angulaire de l'enseignement de la langue maternelle.

La dictée a été comprise au programme de presque tous les examens, avec ce caractère particulier qu'elle peut, en cas d'insuffisance démontrée, entraîner l'élimination du candidat : preuve manifeste de l'importance considérable qu'on y attache.

Aussi, l'exercice de la dictée figure-t-il pour les trois cours de l'école primaire aux programmes officiels annexés au règlement d'organisation pédagogique des écoles publiques, en date du 27 Juillet 1882.

On y lit, en effet, ce qui suit : « Classe enfantine : premières dictées d'un mot, puis de deux ou trois, puis de très petites phrases. — Cours élémentaire : dictées graduées d'orthographe usuelle et d'orthographe de règles. — Cours moyen : dictées prises autant que possible dans les auteurs classiques et sans recherche des difficultés grammaticales. — Cours supérieur ; dictées prises dans les auteurs classiques et sans recherche des difficultés grammaticales. »

Nous n'admettons pas sans réserves, pour notre part, toutes les prescriptions qui précèdent ; nous y reviendrons tout à l'heure.

1. *But et importance de l'exercice de la dictée.* — L'orthographe comprend deux parties essentielles : l'orthographe d'usage et l'orthographe de règles. La première s'acquiert surtout par la lecture, par la vue répétée des mots, dont la physionomie, si l'on peut dire ainsi, finit par se graver dans l'esprit. Au surplus, des recueils de mots, classés méthodiquement, peuvent venir en aide au maître et suppléer à l'insuffisance des lectures.

L'orthographe de règles s'enseigne par la grammaire qui fixe l'accord des mots et établit les rapports des divers éléments de la phrase.

L'instituteur peut et doit, par des dictées appropriées à l'âge et à l'instruction des élèves, s'assurer si les notions d'orthographe usuelle et d'orthographe de règles qu'il leur a enseignées précédemment sont demeurées présentes à leur mémoire. Par les défaillances plus ou moins nombreuses qu'il pourra constater, il verra s'il doit continuer son cours, marquer un temps d'arrêt ou même faire un retour en arrière. Outre cet avantage que présente la dictée de permettre de constater facilement jusqu'à quel point l'enfant possède l'orthographe, elle peut servir d'application aux règles grammaticales apprises par l'élève et fortifier ainsi ses connaissances acquises.

La dictée est donc un instrument précieux aux mains du maître. Les résultats qu'il en retirera seront en raison du soin qu'il apportera à choisir les exercices, à les graduer, et, ce qui vaudrait mieux encore, à les composer lui-même.

II. *Place que la dictée doit occuper dans l'emploi du temps.* — La dictée est un exercice si important qu'elle doit occuper une place considérable, — nous dirions volontiers une place d'honneur, — dans l'emploi du temps.

L'orthographe du français est chose si difficile, si bizarre parfois; elle présente tant d'exceptions, d'anomalies, on pourrait dire de puérilités que, même en élaguant largement dans ce dédale les subtilités grammaticales et les remarques oiseuses, il faut un temps considérable et des exercices répétés très fréquemment pour que l'enfant puisse arriver à orthographier convenablement.

Comme la dictée demande une grande tension d'esprit, elle se donnera de préférence au commencement de la classe du matin, alors que l'intelligence de l'enfant est alerte et reposée.

Nous voudrions une dictée chaque jour dans tous les cours de l'école; quatre fois par semaine au moins, si la multiplicité des matières du programme exige une suppression. Mais, qu'on nous permette de le dire, les économies de temps qu'on essayera de réaliser de la sorte ne seront qu'un leurre, et le mince résultat qu'on pourra en obtenir sera bien peu de chose en comparaison du dommage que l'enfant en subira.

III. *Choix des textes à dicter.* — A la classe enfantine, des dictées même d'un seul mot ne sont pas des exercices d'initiation; il faut évidemment qu'elles aient été précédées d'exercices répétés de copies, car ce n'est qu'au moyen de la copie que l'enfant s'assimile les formes des lettres manuscrites et qu'il peut les reproduire d'abord d'après un modèle, puis de mémoire.

Que de difficultés pour le débutant qui fait sa première dictée, composée cependant, nous le voulons bien, d'une série de mots aussi simples que possible. L'enfant doit se préoccuper de décomposer en ses éléments, — syllabes et lettres, — le son qui lui parvient et de reproduire ensuite ces éléments au moyen de l'écriture, double travail qui lui demande un très grand effort d'esprit. Aussi combien d'oublis, d'erreurs, d'incorrections, de fautes enfin !

Quand le jeune enfant possédera l'orthographe d'un certain nombre de noms, le moment sera venu d'y adjoindre des déterminatifs et des qualificatifs. C'est tout ce que l'on peut demander à la classe enfantine.

Ces débuts servent d'initiation au cours élémentaire. Dictées graduées d'orthographe usuelle et d'orthographe de règles, dit le programme. Cette indication n'est-elle pas une invitation au maître à composer lui-même ses dictées ? Le livre de lecture suivi par l'enfant, le recueil de mots qu'il étudie lui fourniront les éléments — éléments connus par l'élève — des dictées d'orthographe usuelle. Quant aux dictées d'orthographe de règles, l'instituteur devra les composer en se guidant sur les connaissances grammaticales déjà acquises par l'élève, qui pourra ainsi se servir du peu qu'il saura.

Pour le cours moyen et le cours supérieur, le programme s'exprime ainsi : « Dictées prises dans les auteurs classiques, et sans recherche des difficultés grammaticales. »

Nous aurons ici une objection à faire. Est-on bien sûr que les auteurs classiques puissent fournir facilement une série graduée de dictées, « à l'exclusion des difficultés grammaticales. »

Sans doute, la littérature y perdra beaucoup ; mais nous nous permettons de penser qu'un cours de dictées composé par l'instituteur lui-même, en s'inspirant des connaissances grammaticales et du vocabulaire acquis par les élèves, cours qui, chaque jour, ferait de la dictée un champ nouveau d'application de ces connaissances, rendrait au point de vue de l'orthographe, — et c'est ici la chose principale en vue, — de très réels services.

Du moins, il y aurait un lieu entre les dictées, et toutes auraient leur but, leur raison d'être. C'est là un travail considérable sans doute, et qui ne peut être imposé; mais cet idéal ne nous semble pas impossible à atteindre. Au bout de deux ou trois ans, l'instituteur posséderait une collection suffisante, d'autant plus précieuse à ses yeux qu'elle serait son œuvre; sa tâche serait alors considérablement allégée, et il verrait la résultante de ses généreux efforts.

A un autre point de vue, que de notions intéressantes, empruntées aux sciences, aux lettres, à l'histoire, à l'agriculture, à l'industrie locale, à l'actualité même, pourraient ainsi être enseignées fructueusement aux élèves au moyen de ces dictées composées par le maître !

IV. — *Correction.* — *Procédés à employer pour que la dictée soit aussi fructueuse que possible.* — La correction de la dictée a une importance qu'il n'est pas besoin de faire ressortir. De la correction de la dictée, peut-on dire, dépendra le succès ou l'insuccès des élèves en orthographe.

Les procédés varient évidemment avec l'âge et le degré d'instruction des élèves. Ainsi, au cours élémentaire, la dictée sera épelée tout entière et transcrite à mesure au tableau noir par le maître.

N'oublions pas que la mémoire des yeux joue un grand rôle dans l'étude de l'orthographe ; ne craignons pas d'abuser de la craie ; écrivons les mots au tableau ; faisons-les voir et bien voir, et appelons l'attention de l'élève sur les particularités de l'orthographe des termes et des expressions.

Le contrôle rigoureux de la correction est un devoir étroit pour le maître. Au cours élémentaire il ne semble pas bon que les élèves échangent leurs dictées entre eux. Ce procédé n'est à recommander que pour les deux premiers cours.

Voici comment nous entendons la correction de la dictée dans le cours moyen et le cours supérieur : un élève épelle, sans commentaire aucun, les mots sur l'orthographe desquels il pourrait y avoir doute ; mais, pour gagner du temps, il passe sans les épeler sur les mots dont l'orthographe ne présente pas de difficulté. Alors intervient le maître : il reprend la dictée, s'arrête à certains mots, à certains passages, en explique l'orthographe ou la fait justifier par tel ou tel élève ; il fait trouver des exemples analogues, il fait analyser certains termes et citer la règle grammaticale qui trouve ici une application. Enfin, reprenant une seconde fois la dictée, l'instituteur l'explique au point de vue littéraire ; il donne les développements nécessaires et fait en sorte que les enseignements qu'elle contient puissent être assimilés par les élèves.

V. — *De l'épreuve d'orthographe aux examens du certificat d'études.* — Qu'il nous soit permis d'exprimer ici plusieurs observations que la pratique des examens nous a suggérées.

L'épreuve d'orthographe est éliminatoire à ces examens : aussi peut-on dire que c'en est la pierre d'achoppement, et neuf fois sur dix l'échec d'un candidat doit être attribué à sa faiblesse en orthographe. Et c'est justice, car après tout, la connaissance de la langue maternelle doit primer toutes les autres, puisqu'elle en est comme la clef.

Mais n'exagère-t-on pas parfois les difficultés de l'épreuve? Le programme du cours supérieur porte que les dictées seront données « sans recherches des difficultés grammaticales. » Cependant nous avons vu des dictées données aux examens du certificat d'études primaires qui renfermaient de très réelles difficultés. Quelques-unes ont été véritablement au-dessus de la portée de l'intelligence des candidats. Participe passé suivi d'un infinitif; difficultés de tout, même, quelque; exceptions à la règle d'accord du verbe avec son sujet, etc.; si à cela on ajoute les difficultés de l'orthographe usuelle, mots bizarres, termes techniques, en voilà plus qu'il n'en faut pour dérouter un pauvre enfant de douze ans et déterminer son échec.

Dans tel autre canton, la dictée n'a présenté aucune difficulté, et tous les élèves éliminés ici auraient été reçus là d'emblée. Inégalité fâcheuse qui déconcerte maîtres et élèves.

L'idéal serait que les épreuves écrites fussent les mêmes pour tous les cantons; malheureusement, en pratique, la chose ne semble pas possible.

Cependant, peut-être pourrait-on trouver des dictées de longueur et de difficultés moyennes, d'un niveau assez sensiblement égal, de manière que les ignorants en orthographe restent à la porte sans doute, mais que les bons élèves puissent, avec quelque certitude, conquérir ce modeste diplôme, lequel, qu'on nous permette de le rappeler, représente plusieurs années d'efforts soutenus et persévérants, tant de la part du maître que des élèves.

CONFÉRENCE PÉDAGOGIQUE

du 12 Avril 1888.

Sujet : *De la Mémoire. — Son importance dans l'Enseignement. — Les meilleurs moyens de la cultiver.*

I. *De la Mémoire.* — Le philosophe écossais Stewart définit la mémoire « une faculté, par laquelle nous gardons en dépôt, pour un usage futur, les connaissances que nous avons acquises. »

Cette définition de la mémoire, par son côté utilitaire, montre clairement le rôle considérable qu'elle joue dans tous les actes de la vie intellectuelle ou morale.

Point n'est besoin d'insister longuement sur l'importance de cette faculté; c'est sur elle que s'appuient toutes les autres dans les opérations de l'esprit : elle les enveloppe, les accompagne et les approvisionne.

La mémoire possède des qualités diverses : elle est *prompte*, si elle met peu de temps et d'efforts pour garder et reproduire les choses qu'a saisies l'intelligence; elle est *fidèle*, si elle peut, détail par détail, rendre les impressions reçues; *sûre*, quand cette reproduction n'est sujette à aucune défaillance; *tenace*, si le souvenir exact et précis persiste, même au bout d'un temps considérable,

La mémoire est *heureuse* quand, à la fois, elle est prompte et fidèle. On trouve des mémoires *ingrates* qui exigent de grands efforts pour n'aboutir qu'à de médiocres résultats, et des mémoires *rebelles*, qui se refusent à garder les souvenirs.

Cette classification n'est ni factice, ni arbitraire, elle répond à la réalité dans l'être humain.

Considérée au point de vue de l'objet d'application, la mémoire présente des formes distinctes, lesquelles, si elles ne s'excluent pas, se rencontrent rarement chez le même individu. Ainsi, on distingue la mémoire des idées, des faits, des dates, des lieux, même des physionomies.

La mémoire est particulièrement heureuse chez le jeune enfant; le rude combat de la vie n'a pas encore chez lui émoussé l'attention, énervé la curiosité; elle présente une page blanche où les souvenirs s'impriment avec une facilité que rien ne vient entraver.

La mémoire enfantine a une merveilleuse aptitude à retenir les mots. Ce qu'un adulte ne ferait qu'au prix d'un travail pénible, l'enfant l'accomplit avec une aisance parfaite, et les notions les plus diverses pénètrent en lui en quelque sorte d'elles-mêmes.

Mais si l'enfant enregistre les souvenirs avec précision et exactitude, il est peu apte à les coordonner, à les classer chronologiquement : la notion du temps lui échappe.

Qui, dans la carrière d'instituteur, n'a constaté cent fois la facilité avec laquelle les enfants font les plus singuliers anachronismes ?

En résumé, la mémoire est un instrument merveilleux susceptible de culture et de perfectionnement, mais dont le maniement demande des soins spéciaux et des exercices appropriés.

II. *Importance de la Mémoire dans l'Enseignement.* — Les pédagogues de l'ancienne école exagéraient beaucoup le rôle que la mémoire doit jouer dans l'enseignement.

Les maîtres faisaient apprendre par cœur à leurs écoliers des chapitres entiers de manuels indigestes, où la science était condensée en formules abstraites, absolument hors de la portée des élèves.

Les laborieux pâlissaient sur ces livres insipides ; les paresseux bâillaient ; tous, au bout du compte, avaient perdu un temps précieux.

Les élèves, en quittant la classe, ne possédaient qu'une vaine science *livresque*, selon le mot de Montaigne, à laquelle ils ne comprenaient rien.

« Savoir par cœur n'est pas savoir, » disait encore ce philosophe.

En effet, si l'on prend l'expression à la lettre, si l'élève ne sait que par cœur, s'il n'a que la mémoire du mot sans la chose, il ne peut retirer aucun profit à réciter des phrases toutes faites, à acquérir une science purement verbale.

Aujourd'hui, la nouvelle école pédagogique combat, cette récitation de mots qui ne disent rien à l'intelligence. Elle veut que les idées soient, au préalable, saisies par l'esprit et que les mots n'en soient que l'image et l'expression.

Mais peut-être exagère-t-on en sens inverse.

On veut que l'école soit attrayante, que l'enseignement soit donné sous une forme intuitive. Et, dans cet ordre d'idées, les Musées scolaires ont été créés, des livres aux vignettes intéressantes parlent aux yeux et viennent en aide à la mémoire.

C'est fort bien.

Mais pourquoi introduire l'image jusque dans la grammaire ? Pourquoi vouloir supprimer l'effort chez l'élève, l'effort qui vivifie et ennoblit le travail ? N'oublie-t-on point trop qu'à force d'alléger la tâche de l'écolier, à la fin, tout labeur lui pèse, toute contention d'esprit lui répugne ?

Si l'on pousse ce système à outrance, il est à craindre que l'élève ne garde pas longtemps un souvenir acquis à trop bon compte, et que ses connaissances ne soient que des lueurs fugitives.

On garde d'autant mieux un souvenir, une notion, qu'on a éprouvé de difficulté à se l'approprier.

Cette réserve faite, disons quel doit être rationnellement, à notre sens, le rôle de la mémoire à l'école primaire.

L'enseignement comprend une série de notions, de connaissances qu'il faut communiquer à l'élève, afin que plus tard, dans les diverses circonstances de la vie, il puisse y puiser une direction ou un réconfort.

Ces notions diverses doivent donc être profondément gravées dans la mémoire de l'enfant, afin qu'au moment opportun, elles en sortent pour ainsi dire sans effort.

La mémoire des idées importe infiniment plus que celle des mots. En d'autres termes, il est à peu près insignifiant que la connaissance, pour pénétrer dans l'intelligence de l'enfant, ait revêtu telle ou telle forme, l'important c'est qu'elle soit bien assimilée.

On ne se souvient bien que de ce qu'on a bien saisi et compris.

Il y a donc pour l'instituteur une obligation étroite de ne pas se contenter d'un à peu près ; qu'il insiste, qu'il recommence au besoin sous une autre forme sa démonstration, mais qu'il ne s'arrête qu'avec la certitude d'avoir fait la lumière dans l'esprit de ses élèves.

Cependant, il est loin de notre pensée de proscrire la récitation littérale.

S'il s'agit seulement de retenir des faits, des raisonnements, il est bon de laisser l'élève les reproduire à sa manière, dans son langage. Mais si les mots qui en sont l'expression ont une beauté propre ; s'ils représentent quelque donnée scientifique ou une vérité

morale qu'on ne pourrait exprimer aussi bien en employant d'autres termes, le mieux est d'exiger la reproduction littérale.

En grammaire, l'élève apprendra par cœur les règles principales seulement ; en arithmétique, les définitions et les formules : en histoire, quelques dates, quelques résumés ; en morale, les maximes et les préceptes.

Nous voudrions aussi que la mémoire de l'enfant fût ornée de quelques beaux passages en prose, de nos bons auteurs, de quelques poésies, fables ou autres, de nos célébrités françaises.

Il n'y a pas de plus sûr moyen de former le goût des élèves, de leur faire sentir le charme des belles pensées et du noble langage.

De la sorte, la mémoire, cédant le pas aux autres facultés intellectuelles, n'empiètera point sur leur domaine, et les forces vives de l'intelligence de l'enfant progresseront ainsi dans un harmonieux ensemble.

III. *Moyens de cultiver la Mémoire à l'école primaire.* — Il est incontestable que la mémoire, comme les autres facultés de l'esprit, est susceptible de culture et de développement. C'est surtout dans le bas âge que la mémoire se plie facilement aux divers exercices. Il importe donc de la cultiver de bonne heure dans le jeune enfant. Voici comment nous entendons cette culture.

La mémoire des choses se développera par l'enseignement intuitif, par la vue même des objets, par les gravures qui accompagnent le texte des diverses matières du programme.

Des comptes-rendus oraux ou écrits des leçons faites font un excellent exercice pour la mémoire.

La mémoire des mots trouvera son application dans l'étude littérale, ou du mot à mot, des morceaux extraits des bons auteurs.

Cette étude sera toujours précédée d'une explication et d'un commentaire, de manière que les élèves comprennent ce qu'ils étudient.

Les leçons de lecture reproduites oralement ou par écrit constituent aussi un puissant moyen de développer la mémoire des mots. Le programme des études en fait, avec raison, une prescription formelle.

La mémoire des lieux s'exercera au moyen des cartes et des croquis géographiques. Chaque nom appris par cœur sera cherché aussitôt sur la carte, et le souvenir du lieu aidera puissamment à retrouver le souvenir du nom.

Les procédés dits mnémotechniques, pour soulager la mémoire, ne sont point à recommander, car l'association d'idées qu'ils essayent d'établir est toute factice et sans aucun lien avec l'idée exprimée par le mot.

Certains pédagogues veulent même mettre le chant au nombre des moyens à employer pour cultiver la mémoire. Nous ne partageons pas cette opinion.

La table de Pythagore chantée, c'est un leurre : tel élève ne se trompera pas en la chantant, qui restera coi s'il est invité à la réciter.

Nous terminerons par quelques données pratiques applicables à la culture des diverses spécialisations de la mémoire.

Si l'on veut imprimer un souvenir durable, il faut, dans l'exposition, de la netteté, de la vivacité, de manière à produire une certaine intensité dans l'impression première ; il faut de l'ordre et de l'enchaînement dans les faits ; il faut enfin rattacher logiquement l'exposé à la leçon précédente. La répétition ou du moins le résumé par un élève achèvera de graver le souvenir.

Par dessus tout, et à tout prix, il est nécessaire de captiver l'attention de son auditoire.

L'intensité du souvenir est en raison directe de l'attention qui a été apportée à son assimilation.

FIN.

Table des Matières

DOMFRONT. — Typographie de Félix RENAULT.